市町村会議員 選挙戦術
【昭和4年 第4版】

相良一休 著

地方自治法研究
復刊大系〔第二五四巻〕

市町村会議員 選挙戦術

〔昭和四年 第四版〕

日本立法資料全集 別巻 1064

信山社

市町村會議員
選擧戰術

東京
第一出版協會版

相良一休編著

市町村會議員選擧戰術

東京　第一出版協會版

普選の今日

序に代へて

普選法《ふせんはふ》布《し》かれて昭和《せうわ》三年《ねん》二月《ぐわつ》二十一日《にち》、衆議院《しうぎゐん》は吾《わ》が國《くに》始《はじ》めての普通選擧《ふつうせんきよ》を行《おこな》つたが、可成《かなり》の程度《ていど》に普選《ふせん》の趣旨《しゆし》が徹底《てつてい》してゐた事《こと》が、實證《じつしよう》されて、實《じつ》に邦家國民《はうかこくみん》のために同慶《どうけい》に堪《た》へない事《こと》であつた。

今《いま》や又《また》全國的《ぜんこくてき》に市町村會議員選擧《しちやうそんくわいぎゐんせんきよ》が全然《ぜんぜん》この普選法《ふせんはふ》に準《じゆん》じて行《おこな》はるゝ。

從來《じうらい》町々村々《まち〱むら〱》を賑《にぎ》はしたもの選擧《せんきよ》に如《し》くはなかつた。戸別訪問《こべつはうもん》に候補者《こうほしや》はもとより運動員《うんどうゐん》の往さ來るさ。なんと賑《にぎ》かな事《こと》でなかつたか。然《しか》しこれは今《いま》やそれ〲の選擧事務所《せんきよじむしよ》で、運動員《うんどうゐん》の名《な》も變《かは》つた選擧委員《せんきよゐゐん》の茶話《ちやわ》に名殘《なごり》を止《とゞ》むるばかりで、文書《ぶんしよ》と言論《げんろん》に依《よ》るの外《ほか》選擧運動《せんきよううんどう》は一切《さい》行《おこな》ひ得《え》ない事《こと》になつた。

即《すなは》ち法《はふ》玆《こゝ》に革《あらたむ》る。普選《ふせん》の戰術《せんじゆつ》又《また》新《あた》らしからねばならぬ。

筆者《ひつしや》は昨年《さくねん》の總選擧《そうせんきよ》に携《たづさ》はつた體驗《たいけん》を緯《ゐ》とし且《か》つ最近《さいきん》各地《かくち》に行《おこな》はれた市町村議戰《しちやうそんぎせん》に取《と》つた選擧術《せんきよじゆつ》を經《けい》とし更《さら》に之《これ》に筆者《ひつしや》の想《さう》を加《くは》へて、敢《あへ》て、市町村議員選擧戰術《しちやうそんぎゐんせんきよせんじゆつ》を編《あ》み出《だ》して見《み》た。以《もつ》て幾分《いくぶん》の參考《さんかう》にも相成《あひな》らば幸《さいは》ひである。

昭和四年四月

東京麴町九段の寓にて

相良一休

市町村會議員 選擧戰術目次

市町村會議員 選擧戰術

一、立候補

立候補の決心

議員《ぎゐん》たる可《べ》く立候補《りつこうほ》の意志《いし》を決《き》める。

そこには

「自治體當局《じちたいたうきよく》の秕政《ひせい》見《み》るに忍《しの》びず」「或《あるひ》は一派《ぱ》の横暴《わうぼう》その極《きよく》に達《たつ》す。吾《われ》出《い》でゝ自治體民《じちたいみん》のために革《かく》正《せい》の實《じつ》を擧《あ》げよう」

と云《い》ふ抱負《はうふ》をもつもあらうし
「財《さい》あり、意見《いけん》あり、進《すゝ》んでは自己《じこ》の名譽《めいよ》のために」

の、又《また》は意見《いけん》はなしとも單《たん》に名譽《めいよ》のためにの人《ひと》もあらうし
「われ等《ら》はわれ等《ら》自身《じしん》に依《よ》り吾等《われら》を守《まも》る」

の無産派《むさんは》も多《おほ》からうし、兎《と》に角《かく》、選擧期日《せんきよきじつ》迫《せま》るに連《つ》れて、各自《かくじ》の胸《むね》に想《おも》ふ所《ところ》を次第《しだい》に練《ね》つてこゝに立候補《りつこうほ》の決心《けつしん》が出來《でき》て來《く》る。

がこれは候補者《こうほしや》自身《じしん》の意志《いし》の發動《はつどう》で、この頃《ごろ》各地《かくち》に青年《せいねん》有權者《いうけんしや》有志《いうし》から、「貴下《きか》の出馬《しゆつば》を俟《ま》つに非《あら》ざれば」と懇請《こんせい》されて遂《つひ》に立候補《りつこうほ》をさせられ、或《あるひ》は御本人《ごほんにん》をして格別《かくべつ》煩《わづら》はすことなくして當選《たうせん》せしめられる人《ひと》もある。

普選《ふせん》の精神《せいしん》から云《い》へばかくある事《こと》が本旨《ほんし》なのだが、未《いま》だその理想《りさう》には程遠《ほどとほ》い。從《したが》つて本書《ほんしよ》なども生《うま》れたりする譯《わけ》である。

が兎《と》に角《かく》立候補《りつこうほ》の意志《いし》は定《き》まつた。

地盤と選擧人名簿

立候補《りつこうほ》した限《かぎ》りは當選《たうせん》せねばならぬ。然《しか》らばその得票《とくへう》の見込《みこみ》は？　こゝに所謂《いはゆる》地盤《ちばん》、又《また》は或數《あるすう》の得票《とくへう》が無《な》ければならぬ。

自分《じぶん》の知己《ちき》、友人《いうじん》、諒解《りやうかい》ある人《ひと》、と靜《しづ》かに繰《く》つて見《み》て、まづ之《これ》を地盤《ちばん》とし、その足《た》らざるを卽《すなは》ち運動《うんどう》に依《よ》つて得《え》なければならぬ。

が、今度《こんど》の選擧《せんきよ》には思《おも》はぬ無名《むめい》の人《ひと》が飛《と》び出《だ》して悠々《いう〳〵》當選《たうせん》した實例《じつれい》は澤山《たくさん》ある。

が玆《こゝ》に云《い》ふ無名《むめい》とは世間的《せけんてき》の無名《むめい》で、實際《じつさい》彼《かれ》の周圍《しうゐ》を取《と》りまく人々《ひと〴〵》には彼《かれ》はたしかにその職責《しよくせき》を全《まつた》うするといふ信賴《しんらい》があつたもので、選擧《せんきよ》の實際《じつさい》からは有名《いうめい》であり、故《ゆゑ》に當選《たうせん》したものである。

此等《これら》は無產派《むさんは》に多《おほ》い。

選擧心理《せんきよしんり》は自己《じこ》を信《しん》ずる事《こと》、何《いづ》れも强《つよ》い。從《したが》つて一般《ぱん》からあの人《ひと》はと思《おも》はれてゐた筈《はず》のが案外落《あんぐわいらく》選《せん》する。殊《こと》に普選《ふせん》になつてこの傾《かたむ》きがある。

話《はなし》が傍道《わきみち》に外《そ》れたが、得票《とくへう》の見込《みこみ》はまづ自己《じこ》の側近《そくきん》と選擧人名簿《せんきよにんめいぼ》に依《よ》らねばならぬ。選擧人名簿《せんきよじんめいぼ》で第《だい》二の得票《とくへう》の見込《みこみ》をつける。然《しか》して運動《うんどう》に依《よ》つて散票《さんぺう》を集《あつ》める。

これに依《よ》つて自信數《じしんすう》が出來《でき》て立候補《りつこうほ》の決心《けつしん》は完全《くわんぜん》に力強《ちからつよ》さを帶《お》びて來《く》る。

立候補の屆出及候補の推薦

偖《さ》て愈々《いよ／＼》立候補《りつこうほ》を聲名《せいめい》せんとする時又《ときまた》は候補者《こうほしや》を推薦《すゐせん》せんとする時《とき》は其《そ》の旨《むね》を選擧長《せんきよちやう》に屆出《とゞけ》でると共《ども》に供託金《きようたくきん》を提供《ていきよう》しなければならぬ。（市會の場合）

一、議員候補者《ぎゐんこうほしや》たらんとする者《もの》は選擧《せんきよ》の期日《きじつ》の告示《こくじ》ありたる日《ひ》より選擧《せんきよ》の期日前《きじつぜん》七日《か》までに其《そ》の旨《むね》を選擧長《せんきよちやう》に屆出《とゞけ》づべし

二、選擧人名簿《せんきよにんめいぼ》に登錄《とうろく》せられたる者他人《ものたにん》を議員候補者《ぎゐんこうほしや》と爲《な》さむとする時《とき》は前項《ぜんかう》の期間内《きかんない》に其《そ》の推薦《すゐせん》の屆出《とゞけいで》を爲《な》すことを得《う》

三、前《ぜん》二項《かう》の期間内《きかんない》に屆出《とゞけいで》ありたる議員候補者《ぎゐんこうほしや》其《そ》の選擧《せんきよ》に於《お》ける議員《ぎゐん》の定數《ていすう》を超《こ》ゆる場合《ばあひ》に於《おい》

て其《そ》の期間《きかん》を經過《けいくわ》したる後《のち》議員候候補者《ぎゐんこうこうほしや》死亡《しばう》し又《また》は議員候補者《ぎゐんこうほしや》たることを辭《じ》したるときは前《ぜん》二項《かう》の例《れい》に依《よ》り選擧《せんきよ》の期日《きじつ》の前日《ぜんじつ》まで議員候補者《ぎゐんこうほしや》の屆出又《とけいでまた》は推薦屆出《すゐせんとけいで》を爲《た》すことを得《う》

（市制第三十九條ノ二府縣制第十三條ノ二第一項乃至第三項）

四、議員候補者《ぎゐんこうほしや》の屆出又《とけいでまた》は推薦屆出《すゐせんとけいで》は文書《ぶんしよ》を以《もつ》て之《これ》を爲《た》し議員候補者《ぎゐんこうほしや》たるべき者《もの》の氏名《しめい》、職業《しよくげふ》住所及生年月日《ぢうしよおよびせいねんぐわつぴ》（推薦屆出《すゐせんとけいで》の場合《ばあひ》に於《おい》ては併《あは》せて推薦屆出者《すゐせんとけいでしや》の氏名住所及生年月日《しめいぢうしよおよびせいねんぐわつぴ》）を記載《きさい》し且府縣制第《かつふけんせいだい》十三條《でう》の三第《だい》一項《かう》の供託《きようたく》を爲《た》すことを證《しよう》すべき書面《しよめん》を添付《てんぷ》すべし

（市制町村制施行規則第十七條及府縣制施行規則第五條）

參《さん》　照《せう》

府縣制第《ふけんせいだい》十三條《でう》の三第《だい》一項《かう》（市制第三十九條ノ二）議員候補者《ぎゐんこうほしや》の屆出又《いでまた》は推薦《すゐせん》屆出《いで》を爲《な》さむとするものは議員候補者《ぎゐんこうほしや》一人《にん》に付《つき》二百圓又《ゑんまた》は之《これ》に相當《さうたう》する額面《がくめん》の國債證書《こくさいしやうしよ》を供託《きようたく》することを要《えう》す

卽《すなは》ち右《みぎ》の通《とほ》りで市《し》では之《これ》を選擧長《せんきよちやう》に屆出《い》でなければならぬ。屆出書式《いでしよしき》は附錄各種書式欄《ふろくかくしゆしよしきらん》を參考《さんかう》せ

られたい。

供託金

供託金《きようたくきん》を要《えう》しない町村會議員《ちやうそんくわいぎゐん》の屆出《いで》は項《かう》を更《あらた》めて述《の》べることとして市《し》での供託金《きようたくきん》について述《の》べて見《み》る。二百圓《ゑん》の供託金《きようたくきん》を要《えう》する事《こと》は前項《ぜんかう》に認《した》めたが、この供託金《きようたくきん》は選擧後《せんきよご》候補者《こうほしや》に還付《くわんぷ》さるゝが當然《たうぜん》であるが、その例外《れいぐわい》がある。

一、議員候補者《ぎゐんこうほしや》の得票數《とくへうすう》其《そ》の選擧區《せんきよく》の配當議員數《はいたうぎゐんすう》を以《もつ》て有效投票《いうかうとうへう》の總數《そうすう》を除《じよ》して得《え》たる數《すう》の十分《ぶん》の一に達《たつ》せざるときは前項《ぜんかう》の供託物《きようたくぶつ》は市《し》に歸屬《きぞく》す

二、議員候補者選擧《ぎゐんこうほしやせんきよ》の期日前《きじつぜん》十日《か》以内《いない》に議員候補者《ぎゐんこうほしや》たることを辭《じ》したるときは、前項《ぜんかう》の規定《きてい》を準用《じゆんよう》す但《たゞ》し被選擧權《ひせんきよけん》を有《いう》せざるに至《いた》りたる爲《ため》議員候補者《ぎゐんこうほしや》たることを辭《じ》したる時《とき》は此《こ》の限《かぎ》りにあらず

（市制第三十九條ノ二）

即《すなは》ち得票數《とくへうすう》が有效投票《いうかうとうへう》を定員數《ていゐんすう》で割《わ》つた數《かず》の十分《ぶん》の一に達《たつ》しない場合《ばあひ》。及《およ》び選擧《せんきよ》の期日《きじつ》十日以内《かいない》に立候補《りつこうほ》を辭《じ》した場合《ばあひ》は供託金《きようたくきん》は沒收《ぼつしう》の憂《う》き目《め》を見《み》なければならぬ。

但《たゞ》し候補者《こうほしや》が被選擧權《ひせんきよけん》を失《しつ》した場合《ばあひ》は、供託金《きようたくきん》は還付《くわんぷ》を受《う》けることが出來《でき》る。

又候補者《またこうほしや》が選擧《せんきよ》の期日前《きじつぜん》十日目《かめ》迄《まで》に議員候補者《ぎゐんこうほしや》たることを辭《じ》したる時《とき》、又《また》は選擧會《せんきよくわい》を開《ひら》くべき時迄《ときまで》に死亡《しばう》した時《とき》は供託金《きようたくきん》は還付《くわんぷ》を請求《せいきう》する事《こと》が出來《でき》る（市町村制施行規則第十七條、府縣制施行規則第八條參照）

勿論《もちろん》、當選《たうせん》しなくても前記《ぜんき》十分《ぶん》の一以上《いじやう》の得票《とくへう》があれば還付《くわんぷ》さるゝ事《こと》は言《い》ふ迄《まで》もない。

附言《ふげん》して置《お》かねばならぬのは第三者即《だいさんしやすなは》ち、議員候補者《ぎゐんこうほしや》、又《また》は候補推薦屆出者以外《こうほすゐせんとゞけいでしやいぐわい》のものゝ爲《な》した供託《きようたく》は供託《きようたく》と認《みと》められない（昭和三年九月行政實例）

町村會の立候補屆

町村會議員《ちやうそんくわいぎゐん》の立候補《りつこうほ》は立候補屆《りつこうほとゞけ》を提出《ていしゆつ》すべき明文《めいぶん》なく又供託金《またきようたくきん》も要《えう》しない。然《しか》し各府縣《かくふけん》とも協定《けふてい》事項《じかう》を作《つく》つて所轄警察官署《しよかつけいさつくわんしよ》に屆出《とゞけい》でる事《こと》になつて居《ゐ》り、之《これ》は相互《さうご》のため良《よ》い事《こと》で、むしろ明文《めいぶん》になる方《はう》が至當《したう》だと考《かんが》へられる。

その屆出《とゞけいで》の樣式《やうしき》は府縣《ふけん》に依《よ》つて異《ことな》るとしても殆《ほと》ど大差《たいさ》なく、附錄屆出書式《ふろくとゞけいでしよしき》を參照《さんせう》せられたい。

五十錢と米二升（選擧エピソード）（一）

金《かね》に緣《えん》の薄《うす》い日勞黨新潟支部《にちらうたうにひかたしぶ》では第《だい》三區《く》から起《た》つ細島正興君《ほそじませいこうくん》の選擧基金《せんきよきん》として有《いう》志《し》一名《めい》づゝより金《きん》五十錢《せん》かもしくは米《こめ》二升《しよう》を醵出《きよしゆつ》すべく申合《まうしあは》せた（昭和三年一月二十六日朝日新聞）

二、選擧費はどうして作る

立候補《りつこうほ》はしたいが金《かね》がない。候補《こうほ》に推《お》したいが金《かね》がない。無産派《むさんは》に多《おほ》く見《み》る事實《じじつ》である。友人《いうじん》たちが集《あつ》まつて、床次會《とこなみくわい》、學堂會《がくだうくわい》と云《い》つた會《くわい》を作《つく》る。又《また》は何々《なに〳〵》後援會《こうゑんくわい》を作《つく》る。そしてそれ〴〵の聊《いさゝ》かの知己《ちき》先輩《せんぱい》に迄《まで》も檄文《げきぶん》を配《くば》る。又《また》思《おも》ひ切《き》つて、この人《ひと》はと思《おも》ふ人達《ひとたち》にも送《おく》つて見《み》る。印刷費《いんさつひ》郵税《いうぜい》と合《がつ》して一通《つう》四錢《せん》も見《み》れば大丈夫《だいじやうぶ》。それが大抵《たいてい》一口《くち》一圓以上《ゑんいじやう》なのだから、まづ大抵《たいてい》は費用《ひよう》が出來《でき》る。この頃《ごろ》こうして選擧費《せんきよひ》を作《つく》るものが多《おほ》い。

友人から寄附募集

この檄文《げきぶん》の文例《ぶんれい》に今度《こんど》行《おこな》はれた東京市會《とうきやうしくわい》の某候補者《ぼうこうほしや》のためにこんなのが配布《はいふ》された。

△△會發起の趣意

『△△なら悪《わる》い事《こと》はすまい。アンナのが三四人《にん》市會《しくわい》に頑張《ぐわんば》つてゐたら利權《りけん》漁《あさ》りのゴロ共《ども》も退散《たいさん》するだらう。』

『東京《とうきやう》は日本《にほん》の代表都市《だいへうとし》だ。アソコが早《はや》く良《よ》くなつてくれたら、全國《ぜんこく》の大小都市《だいせうとし》も明《あか》るくなる。地方在住《ちはうざいぢう》の俺達《おれたち》からも良《よ》き東京市會議員《とうきやうしくわいぎゐん》を出《だ》さう。』

これがわれ〳〵をしていつのまにか、この會《くわい》を作《つく》らしたのだ。友人《いうじん》の中《なか》には早大軍事研究團騒《さうだいぐんじけんきうだんさわ》ぎの時《とき》、△△をなぐつたものもゐる。水平社同人《すゐへいしやどうじん》もゐる。新聞記者《しんぶんきしや》もゐる。文士《ぶんし》も敎員《けうゐん》も技術者《ぎじゆつしや》も商人《しやうにん》もゐる。いろんなコンガラかつた一團《だん》である所《ところ》に、又《また》△△のスケールも解《わか》らう、ともかく△△を市會《しくわい》に送《おく》つて見《み》やうではないか。

規　定

金《かね》なら一口《くち》一圓《ゑん》但《たゞ》し一人《り》で千口以上《くちいじやう》御斷《おことわ》はり、物品《ぶつぴん》（ハガキ米味噌等《こめみそとう》）は制限《せいげん》なし

送《おく》り先《さき》。　△△△△

友人發起人　某々連名

尚《なほ》左《さ》に△△激勵會《げきれいくわい》の檄文《げきぶん》を附記《ふき》する。

△△△△君《くん》は日本《にほん》○○○公認《こうにん》、東京醜市會彈劾候補《とうきやうしうしくわいだんがいこうほ》として馬《うま》を江東《かうとう》の野《や》に進《すゝ》めてゐる。既《すで》に彼得意《かれとくい》の大咆吼《だいはうこう》は連夜《れんや》大衆《たいしう》の心臟《しんぞう》をつかみ之《これ》を叱咤《しつた》し激勵《げきれい》し魅し去《さ》つてゐる。

△△君《くん》は若冠《じやくくわん》にして東京《とうきやう》に笈《きふ》を負《お》ひ稻門《たうもん》五年《ねん》の學業《がくげふ》を終《を》る中略《ちうりやく》——こゝに△△君《くん》の經歷《けいれき》性質《せいしつ》の一斑《ぱん》を記《しる》してゐる——△△君《くん》は今日迄屢々議員候補《こんにちまでしばしばぎゐんこうほ》に推《お》されたがいつも立《た》たなかつた。しかし吾人《ごじん》の經驗《けいけん》に依《よ》れば、無產政黨初期《むさんせいたうしよき》の各種議員《かくしゆぎゐん》なるものは理論《りろん》と節操《せつさう》の明《めい》確不動《かくふどう》の外《ほか》に更《さら》に飽和的《はうわてき》エネルギーの所有者《しよいうしや》でなければならぬ。中略《ちうりやく》

△△△君《くん》を金權既成政黨《きんけんきせいせいたう》の重圍《ちうゐ》を衝《つ》いて彼《かれ》の野戰《やせん》の怒號《どがう》を勝利《しようり》の萬歲《ばんざい》たらしめるために吾人《ごじん》はこゝに△△△△激勵會《げきれいくわい》を組織《そしき》し諸君《しよくん》に次《つぎ》の事《こと》を要請《えうせい》したい。第《だい》一に諸君《しよくん》が馳《は》せ參《さん》じて彼《かれ》の野戰《やせん》に參加《さんか》せられたい。第《だい》二に深川在住《ふかがはざいぢう》の友人同志同窓《いうじんどうしどうさう》その他《た》に推薦狀《すゐせんじやう》を出《だ》されたい。第《だい》三彼《かれ》の軍費調達《ぐんひてうたつ》のために諸君《しよくん》の財布《さいふ》を引《ひ》つくり返《かへ》して頂《いたゞ》きたい。吾人《ごじん》は選《せん》擧費用《きよひよう》の寄附《きふ》を强調《きやうてう》し、特《とく》に懇願《こんぐわん》したい。

野《や》に十年《ねん》絶叫《ぜつけう》せる△△をして市會《しくわい》に怒號《どがう》せしめよ。
市政淨化《しせいじやうくわ》の肉彈《にくだん》として△△を東京醜市會《とうきやうしうしくわい》に叩《たゝ》きつけよ!。

昭和四年　月　日

△△△激勵會

發起人友人某々連名

附記會規抄

一、本會《ほんくわい》は△△△△援護《えんご》のために同志友人《どうしいうじん》より大規模《だいきぼ》なる資金《しきん》を集《あつ》む。

一、集《あつ》められたる資金《しきん》は△△君《くん》に直接渡《ちよくせつわた》し全部市議戰《ぜんぶしぎせん》に用《もち》ゆると一部《ぶ》を無産運動《むさんうんどう》に用《もち》ふるとは本人《ほんにん》の自由意志《じいうゐし》に任《まか》す。

一、本會會計《ほんくわいくわいけい》は□□□□及《およ》び○○○○に於《おい》て保管《ほくわん》し寄附者《きふしや》に受領證《じゆりやうしやう》を發《はつ》し後會計報告《のちくわいけいはうこく》をなす。

右《みぎ》は友人《いうじん》の組織《そしき》したものであるが、

左記《さき》は昨春《さくしゆん》の總選擧《そうせんきよ》に某少壯候補者《ぼうせうさうこうほしや》が友人知己《いうじんちき》に向《むか》つて配布《はいふ》した選擧費寄附依賴書《せんきよひきふいらいしよ》である。

檄を飛ばした候補者

拜啓時《はいけいとき》は嚴寒《げんかん》の候《こう》、先《ま》づ貴家皆樣《きかみなさま》の御健康《ごけんかう》を御祈《おいのり》いたします。さて私《わたくし》事《こと》移《うつ》り行《ゆ》く我國《わがくに》の現狀《げんじやう》を見《み》て深《ふか》く感《かん》ずる所《ところ》あり、今回《こんくわい》の總選擧《そうせんきよ》に立候補《りつこうほ》の希望《きぼう》を有《いう》し各方面《かくはうめん》の御意見《ごいけん》を伺《うかゞ》ひました結果《けつくわ》、相當《さうたう》の見込《みこみ》が立《た》ちましたので、遲《おく》れ馳せながら軍資金《ぐんしきん》の準備《じゆんび》に取《と》りかゝりましたが、私《わたし》は持論《ちろん》として某者《ぼうしや》より運動費《うんどうひ》を貰《もら》つたり、無理《むり》な工面《くめん》をしたりすることは將來《しやうらい》に自由公平《じいうこうへい》なる立場《たちば》を失《うしな》ふ原因《げんいん》だと思《おも》つてゐますので、厚《あつ》かましいお願《ねが》ひではございますが私《わたし》の友人親戚各位《いうじんしんせきかくゐ》から少額宛《せうがくづゝ》拜借《はいしやく》して運動費《うんどうひ》を作《つく》り立候補《りつこうほ》したいと存《ぞん》じます。

色々《いろ〳〵》と私《わたくし》の意見《いけん》も申上《まをしあ》げたいのでありますが唯今《たゞいま》は準備《じゆんび》に忙殺《ばうさつ》されてゐますので、日頃《ひごろ》のお近《ちか》づきに免《めん》じ無條件《むでうけん》にて御援助下《ごゑんじよくだ》さいますれば此上《このうへ》も無《な》い喜《よろこ》びでございます。

以上御願《いじやうおねが》ひ申上《まをしあげ》まして次《つぎ》に概要《がいえう》を記《しる》します。

一、金額《きんがく》は御隨意《ごずゐゝ》、標準《へうじゆん》は五十錢乃至《せんないし》五圓位《ゑんぐらゐ》にお願《ねがひ》いたします。

二、時期切迫《じきせつぱく》のため三日後《かご》の五圓《ゑん》より唯今《たゞいま》の五十錢《せん》を寧《むし》ろお願《ねが》ひいたし度《た》うございます

三、御送金《ごそうきん》は同封《どうふう》の振替用紙《ふりかへようし》を御利用《ごりよう》下《くだ》さい、拜借《はいしやく》の條件《でうけん》は裏面通信欄《りめんつうしんらん》に各位《かくゐ》に於《おい》て御《ご》記入《きにふ》下《くだ》さい

四、運動費殘額《うんどうひざんがく》は次回《じくわい》に殘《のこ》しますが何等《なんら》かの方法《はうはふ》を以《もつ》て會計報告《くわいけいはうこく》をいたします。

五、私《わたくし》の立場《たちば》は中立《ちうりつ》で既政政黨《きせいせいたう》にも無產政黨《むさんせいたう》にも係合《かゝりあひ》がありません、運動《うんどう》は言論戰《げんろんせん》に依《よ》る徹底的《てつていてき》理想選擧《りさうせんきよ》であります。

この候補者《こうほしや》はこうした書狀其他《しよじやうそのた》で、約《やく》五千圓《ゑん》の金《かね》を集《あつ》めた。もつとも選擧運動中《せんきよううんどうちう》にもこの候補《こうほ》の

熱辯《ねつべん》に感《かん》じて聽衆《ちやうしう》から選擧費《せんきよひ》の寄附者《きふしや》が現《あら》はれたと聞《き》いてゐる。尊《たつと》き一票《ぺう》と共《とも》にであるから美《うつく》しい。

神田兒の意氣（選擧エピソード）（二）

普《ふ》選第《せんだい》一次總選擧《じそうせんきよ》の時《とき》東京《とうきやう》の古島《こじま》一雄老《ゆうらう》。時節柄《じせつがら》ウルサイと熱海《あたみ》に引《ひ》きこんでゐたが、古島宗《こじましう》でコリ固《かた》まつてゐる神田區《かんだく》の有志連《いうしれん》、この際《さい》どうしても老《らう》に出馬《しゆつば》して貰《もら》はねばならぬと奔走《ほんそう》して集《あつ》めた五圓《ゑん》十圓《ゑん》の小額債劵《せうがくさいけん》を一抱《かゝ》へ神田《かんだ》の松本亭《まつもとてい》へ持《も》ち込《こ》みこれで二千圓《ゑん》の供託金《きようたくきん》は出來《でき》たと熱海《あたみ》に走《はし》つた。結局古島《けつきよくこじま》老も神田《かんだ》つ兒《こ》の意氣《いき》に感《かん》じて出馬《しゆつば》する事《こと》になり相《さう》（當時のゴシップから）

三、選　舉　事　務

選舉事務長及事務所の設定

立候補《りつこうほ》の屆出《とけいで》を濟《す》ますと直《す》ぐに選舉運動《せんきよううんどう》にかゝる事《こと》は勿論《もちろん》であるが、茲《こゝ》に又《また》一つの手續《てつゞき》がある。

卽《すなは》ち選舉事務長《せんきよじむちやう》を選任《せんにん》しなければならぬ。

一、議員候補者《ぎゐんこうほしや》は選舉事務長《せんきよじむちやう》一人《り》を選任《せんにん》すべし但《たゞ》し議員候補者自《ぎゐんこうほしやみづか》ら選舉事務長《せんきよじむちやう》と爲《な》る事《こと》を得《え》。

又《また》は推薦屆出者《すゐせんとけいでしや》（推薦屆出者數人《すゐせんとけいでしやすうにん》あるときは其代表者《そのだいへうしや》）も議員候補者《ぎゐんこうほしや》の承諾《しようだく》を得《え》て選舉事務長《せんきよじむちやう》を選任《せんにん》し若《も》しくは選舉事務長《せんきよじむちやう》となることを妨《さまた》げず。

二、議員候補者《ぎゐんこうほしや》の承諾《しようだく》を得《う》ずして其《そ》の推薦《すゐせん》の屆出《とけいで》を爲《な》したる者《もの》は前項《ぜんかう》の承諾《しようだく》を得《う》ることを要《えう》せず。

三、議員候補者《ぎゐんこうほしや》は文書《ぶんしよ》を以《もつ》て通知《つうち》する事《こと》により選舉事務長《せんきよじむちやう》を解任《かいにん》する事《こと》を得《う》、選舉事務長《せんきよじむちやう》を選《せん》任《にん》したる推薦届出者《すゐせんとゞけいでしや》に於《おい》て議員候補者《ぎゐんこうほしや》の承諾《しやうだく》を得《え》たるとき亦同《またおな》じ。

四、選擧事務長《せんきよじむちやう》は文書《ぶんしよ》を以《もつ》て議員候補者及選任者《ぎゐんこうほしやおよびせんにんしや》に通知《つうち》することに依《よ》り辭任《じにん》することを得《う》。

（市制第三十九條ノ二、衆議院議員選擧法第八十八條第一、二、三、四參照）

選擧事務長《せんきよじむちやう》には候補者自身之《こうほしやじしんこれ》に當《あた》つても差支《さしつか》へない事前記《ことぜんき》の通《とほ》りである。

一、選擧事務長《せんきよじむちやう》の選任者《せんにんしや》（自《みづか》ら選擧事務長《せんきよじむちやう》となりたる者《もの》を含《ふく》む以下之《いかこれ》に同《おな》じ）は直《たゞち》に其《そ》の旨《むね》を選擧區內警察官署《せんきよくないけいさつくわんしよ》に屆出《とゞけい》づべし。

二、選擧事務長《せんきよじむちやう》に異動《いどう》ありたる時《とき》は前項《ぜんかう》の規定《きてい》により屆出《とゞけいで》をなしたるもの直《たゞち》に其《そ》の屆出《とゞけいで》をなしたる警察官署《けいさつくわんしよ》に其《そ》の旨《むね》を屆出《とゞけい》づべし。

三、選擧事務長《せんきよじむちやう》の選任《せんにん》（議員候補者又《ぎゐんこうほしやまた》は推薦屆出者自《すゐせんとゞけいでしやみづか》ら選擧事務長《せんきよじむちやう》となりたる場合《ばあひ》を含《ふく》む）の屆出《とゞけいで》は文書《ぶんしよ》を以《もつ》て之《これ》を爲《な》し選擧事務長《せんきよじむちやう》の氏名《しめい》、職業《しよくげふ》、住所《ぢうしよ》、生年月日及選任年月日並議員候補者《せいねんぐわつぴおよびせんにんねんぐわつぴならびにぎゐんこうほしや》の氏名《しめい》を記載《きさい》し且選擧事務長《かつせんきよじむちやう》が選擧權《せんきよけん》を有《いう》する者《もの》なることを證《しやう》すべき書面《しよめん》を添付《てんぷ》すべし

四、推薦屆出者數人《すゐせんとゞけいでしやすうにん》あるときは其代表者《そのだいへうしや》たることを證《しやう》すべき書面《しよめん》を、其《そ》の選任《せんにん》に付議員候補者《つきぎゐんこうほしや》

の承諾《しようだく》を要《えう》するときは其《そ》の承諾《しようだく》を得《え》たることを證《しよう》すべき書面《しよめん》を其《そ》の選任《せんにん》につき議員候補者《ぎゐんこうほしや》の承諾《しようだく》を要《えう》するときは其《そ》の承諾《しようだく》を得《え》たることを證《しよう》すべき書面《しよめん》を添付《てんぷ》すべし

五、選擧事務長《せんきよじむちやう》に異動《いどう》ありたることの屆出《とどけいで》は前《ぜん》二項《かう》の例《れい》に依《よ》り之《これ》を爲《な》すべし。

（市制第三十九條ノ三衆議院議員選擧法第八十八條第五、六項、市制町村制施行令第三十二條、衆議院議員選擧法施行令第五十三條第一、二項第五十六條第一項參照）

前條各項《ぜんでうかくかう》には說明《せつめい》を加《くは》へない。偖《さて》選擧事務長《せんきよじむちやう》は決定《けつてい》した。今度《こんど》は選擧事務所《せんきよじむしよ》を開設《かいせつ》しなければならぬ。これにも心得《こころえ》が要《い》る。

一、選擧事務長《せんきよじむちやう》に非《あら》ざれば選擧事務所《せんきよじむしよ》を設置《せつち》することを得《え》ず

二、選擧事務長《せんきよじむちやう》選擧事務所《せんきよじむしよ》を設置《せつち》したるときは選擧事務長《せんきよじむちやう》選任《せんにん》の屆出《とどけいで》を爲《な》したる警察官署《けいさつくわんしよ》に屆《とど》出《い》づべし選擧事務所《せんきよじむしよ》に異動《いどう》ありたるとき亦《また》同《おな》じ

三、選擧事務所《せんきよじむしよ》の設置《せつち》の屆出《とどけいで》は文書《ぶんしよ》を以《もつ》て爲《な》し選擧事務所《せんきよじむしよ》の所在地《しよざいち》及設置年月日《およびせつちねんぐわつぴ》を記載《きさい》すべし

四、選擧事務所《せんきよじむしよ》に異動《いどう》ありたることの屆出《とどけいで》は前項《ぜんかう》の例《れい》に依《よ》り之《これ》を爲《な》すべし

（市制第三十九條ノ三衆議院議員選擧法第八十九條及同第四項市制町村制施行令第三十二條衆議院員選擧法施行令第五十五條同第五十六條參照）

が選擧事務所《せんきよじむしよ》は議員候補者《ぎゐんこうほしや》一人《り》につき議員《ぎゐん》の定數《ていすう》を以《もつ》て選擧人名簿《せんきよにんめいぼ》確定《かくてい》の日《ひ》に於《おい》て之《これ》に登錄《とうろく》せられたもの、總數《そうすう》を除《ぢよ》して得《え》た數《すう》が一千以上《いじやう》の時《とき》は二箇所《かしよ》一千以下《いか》の時《とき》は一ヶ所《しよ》設置《せつち》する事《こと》を得《う》

町村での選擧事務所

町村《ちやうそん》では選擧事務長《せんきよじむちやう》を選任《せんにん》する事《こと》は前各箇條《ぜんかくかでう》に殆《ほと》んど準《じゆん》ずるが、殆《ほと》んどの協定《けふてい》に於《おい》て事務所《じむしよ》は一箇所《かしよ》しか設置《せつち》せられない。

尙注意《なほちうい》して置《お》きたい事《こと》は選擧事務所《せんきよじむしよ》は選擧《せんきよ》の當日《たうにち》に限《かぎ》り、選擧會又《せんきよくわいまた》は投票分會《とうへうぶんくわい》を設《まう》けたる場所《ばしよ》の入口《いりぐち》から三町以內《ちやういない》の區域《くゐき》に之《これ》を設《まう》ける事《こと》はならない事《こと》になつてゐる。

（市制第三十九條ノ三衆議院議員選擧法第九十一、九十二條參照）

休憩所其他《きうけいじよそのた》之《これ》に類似《るゐじ》する設備《せつび》も選擧運動《せんきよううんどう》のため設《まう》け得《え》ない事勿論《こともちろん》である。

四、選擧事務長の事務

選擧事務長《せんきよじむちやう》に選任《せんにん》せられた場合《ばあひ》その仕事《しごと》を以下《いか》述《の》べる。

一、選擧事務所《せんきよじむしよ》を決定《けつてい》してすぐ屆《とゞ》け出《いで》なければならぬ（屆書樣式附錄參照）

二、必要《ひつえう》と思《おも》はるゝ、それも法《はふ》に許《ゆる》されたる數《すう》の選擧委員《せんきよゐゐん》及《および》選擧事務員《せんきよじむゐん》を選任《せんにん》せなければならぬ。同時《どうじ》に警察官署《けいさつくわんしよ》に屆出《とゞけいで》を出《だ》さねばならぬ。（附錄前同參照）

參考法規《さんかうはふき》

一、選擧事務長《せんきよじむちやう》に非《あら》ざれば選擧委員《せんきよゐゐん》又《また》は選擧事務員《せんきよじむゐん》を選任《せんにん》する事《こと》を得《え》ず

二、選擧事務長《せんきよじむちやう》は文書《ぶんしよ》を以《もつ》て通知《つうち》する事《こと》に依《よ》り選擧委員《せんきよゐゐん》又《また》は選擧事務員《せんきよじむゐん》を解任《かいにん》する事《こと》を得《う》

三、選擧委員《せんきよゐゐん》又《また》は選擧事務員《せんきよじむゐん》は文書《ぶんしよ》を以《もつ》て選擧事務長《せんきよじむちやう》に通知《つうち》することに依《よ》り辭任《じにん》することを得《う》

（市制第三十九條ノ三、衆議院議員選擧法第八十九條第一、二、三項參照）

前記《ぜんき》法《はふ》に許《ゆる》された數《すう》とは幾何《いくら》か。更《さら》に參考法規《さんかうはふき》を見《み》る。

選擧委員《せんきよゐゐん》及《および》選擧事務員《せんきよじむゐん》は議員候補者《ぎゐんこうほしや》一人《り》に付《つき》議員《ぎゐん》の定數《ていすう》を以《もつ》て選擧人名簿《せんきよにんめいぼ》確定《かくてい》の日《ひ》に於《おい》て之《これ》に登錄《とうろく》せられたる者《もの》の總數《そうすう》を除《ぢよ》して得《え》たる數《すう》一千以上《いじやう》なるときは通《つう》じて十五人《にん》を、一千未滿《みまん》なるときは通《つう》じて十人《にん》を超《こ》ゆることを得《え》ず

（市制町制村施行令第三十條第一項）

町村會《ちやうそんくわい》では前項《ぜんかう》一千未滿《みまん》なるときに準《じゆん》じて大抵《たいてい》十人《にん》を最多《さいた》としてゐる樣《やう》である。

三、選擧事務長本人《せんきよじむちやうほんにん》は勿論《もちろん》、委員事務員《ゐゐんじむゐん》に異動《いどう》を生《しやう》じた場合《ばあひ》直《ただち》に之《これ》を屆《とゞけ》ねばならぬ（樣式附錄參　照）

四、選擧運動《せんきようんどう》の費用《ひよう》の支出《ししゆつ》については事務長《じむちやう》悉《ことごと》く之《これ》に與《あづか》らねばならぬ。

參照《さんせう》

一、候補準備《こうほじゆんび》の爲《た》めに要《えう》する費用《ひよう》を除《のぞ》く外《ほか》選擧運動《せんきよう んどう》の費用《ひよう》は選擧事務長《せんきよじむちやう》に非《あら》ざれば之《これ》を支出《ししゆつ》することを得《え》ず但《たゞ》し議員候補者《ぎゐんこうほしや》、選擧委員《せんきよゐゐん》又《また》は選擧事務員《せんきよじむゐん》は選擧事務長《せんきよじむちやう》の文書《ぶんしよ》に依《よ》る承諾《しやうだく》を得《え》

て之《これ》を支出《ししゆつ》することを妨《さまた》げず。

（市制第三十九條ノ三衆議院議員選擧法第百一條第一項參照）

五、同時《どうじ》に之《これ》が精算書《せいさんしよ》を作《つく》らねばならぬ。

一、選擧事務長《せんきよじむちやう》選擧運動《せんきよううんどう》の費用《ひよう》の支出《ししゆつ》の承諾《しようだく》を與《あた》へたる場合《ばあひ》に於《おい》て承諾《しようだく》に係《かゝ》る費用《ひよう》の支出終了《ししゆつしうれう》したるとき又《また》は選擧《せんきよ》の期日經過《きじつけいくわ》したるときは選擧事務長《せんきよじむちやう》は遲滯《ちたい》なく其《そ》の承諾《しようだく》を受《う》けたる者《もの》に就《つ》き支出金額《ししゆつきんがく》（財産上義務《ざいさんじやうぎむ》の負擔《ふたん》又《また》は金錢以外《きんせんいぐわい》の財産上《ざいさんじやう》の利益《りえき》の使用若《しようもし》くは費消《ひせう》の承諾《しようだく》を與《あた》へたる場合《ばあひ》に於《おい》ては其《そ》の負擔《ふたん》したる義務《ぎむ》又《また》は其《そ》の使用《しよう》し若《も》しくは費消《ひせつ》したる利益《りえき》）其《そ》の用途《ようと》の大要《たいえう》、支出先《ししゆつさき》、支出年月日及《ししゆつねんぐわつぴおよび》支出者《ししゆつしや》の氏名《しめい》を記載《きさい》したる精算書《せいさんしよ》を作成《さくせい》すべし

二、演說又《えんぜつまた》は推薦狀《すゐせんじやう》に依《よ》る選擧運動《せんきよううんどう》の費用《ひよう》にして議員候補者《ぎゐんこうほしや》、選擧事務長選擧委員《せんきよじむちやうせんきよゐゐん》又《また》は選擧事務員《せんきよじむゐん》に非《あら》ざる者《もの》が議員候補者又《ぎゐんこうほしやまた》は選擧事務長《せんきよじむちやう》と意思《いし》を通《つう》じて支出《ししゆつ》したるものに付《つ》いては選擧事務長《せんきよじむちやう》は其《そ》の都度遲滯《つどちたい》なく議員候補者又《ぎゐんこうほしやまた》は支出者《ししゆつしや》に就《つ》き前項《ぜんかう》の例《れい》に依《よ》り精算書《せいさんしよ》を作成《さくせい》すべし

三、前項《ぜんかう》の費用《ひよう》にして議員候補者《ぎゐんこうほしや》と意思《いし》を通《つう》じて支出《ししゆつ》したるものに付《つい》ては其《そ》の意思《いし》を通《つう》じたる都度《つど》議員候補者《ぎゐんこうほしや》は直《たち》に其《そ》の旨《むね》を選擧事務長《せんきよじむちやう》に通知《つうち》すべし

四、立候補準備《りつこうほじゆんび》の爲《ため》に要《えう》したる費用《ひよう》にして議員候補者《ぎゐんこうほしや》若《もし》くは選擧事務長《せんきよじむちやう》と爲《な》りたる者《もの》が支出《ししゆつ》し又《また》は他人《たにん》が其《そ》の者《もの》と意思《いし》を通《つう》じて支出《ししゆつ》したるものに付《つい》ては選擧事務長《せんきよじむちやう》は其《そ》の就任後遅滞《しうにんごちたい》なく議員候補者《ぎゐんこうほしや》又《また》は支出者《ししゆつしや》に就《つ》き第《だい》五項《かう》の例《れい》に依《よ》り精算書《せいさんしよ》を作成《さくせい》すべし、

（市制町村制施行令第三十二條衆議院議員選擧法施行令第五十八條、第五十九條第一、二項同六十條參照）

六、選擧事務長《せんきよじむちやう》は左《さ》の帳簿《ちやうぼ》を備付《そなへつけ》しなければならぬ。

（一）承諾《しやうだく》薄《ぼ》

（二）評價《ひやうか》簿《ぼ》

（三）支出《ししゆつ》簿《ぼ》

然《しか》して之《これ》が記入《きにふ》には次《つぎ》の注意《ちうい》を心得《こゝろえ》て置《お》かねばならぬ。

一、選擧《せんきよ》事務《じむ》長《ちやう》選擧《せんきよ》運動《うんどう》の支出《ししゆつ》の承諾《しようだく》を與《あた》へたるときは直《たゞち》に承諾《しようだく》に係《かゝ》る金額《きんがく》（財産上《さいさんじやう》の義務《ぎむ》の負擔《ふたん》又《また》は金錢《きんせん》以外《いぐわい》の財産上《さいさんじやう》の利益《りえき》の使用《しよう》若《もし》くは費消《ひせう》の承諾《しようだく》を與《あた》へたる場合《ばあひ》に於《おい》ては承諾《しようだく》に係《かゝ》る義務《ぎむ》又《また》は利益《りえき》）其《そ》の用途《ようと》の大要《たいえう》、承諾年月日《しようだくねんぐわつぴ》及《および》承諾《しようだく》を受《う》けたる者《もの》の氏名《しめい》を承諾簿《しようだくぼ》に記入《きにゆ》すべし

二、選擧《せんきよ》事務《じむ》長《ちやう》選擧運動《せんきよううんどう》の費用《ひよう》の支出《ししゆつ》の承諾《しようだく》を與《あた》へたる後《のち》未《いま》だ支出《ししゆつ》せられざる費用《ひよう》に付《つ》きては文書《ぶんしよ》を以《もつ》て其《そ》の承諾《しようだく》の取消《とりけ》しを爲《な》すことを得《う》此《こ》の場合《ばあひ》に於《おい》ては其《そ》の旨《むね》を前項《ぜんかう》の例《れい》に依《よ》り承諾《しようだく》簿《ぼ》に記載《きさい》すべし

三、選擧《せんきよ》事務《じむ》長《ちやう》第《だい》五項《かう》に揭《かゝ》ぐる規定《きてい》に依《よ》り精算書《せいさんしよ》を作成《さくせい》したるときは直《たゞち》に支出總金額《ししゆつそうきんがく》（財産上《さいさんじやう》の義務《ぎむ》の負擔《ふたん》又《また》は金錢《きんせん》以外《いぐわい》の財産上《さいさんじやう》の利益《りえき》の使用《しよう》若《もし》くは費消《ひせう》に付《つい》ては其《そ》の種類別總額《しゆるゐべつそうがく》）其《そ》の用途《ようと》の大要《たいえう》、精算年月日《せいさんねんぐわつぴ》及承諾《およびしようだく》を受《う》けたる者《もの》の氏名《しめい》を承諾簿《しようだくぼ》に記載《きさい》すべし

四、左《さ》に揭《かゝ》ぐる場合《ばあひ》に於《おい》ては選擧事務長《せんきよじむちやう》は直《たゞち》に財産上《さいさんじやう》の義務《ぎむ》又《また》は金錢以外《きんせんいぐわい》の財産上《さいさんじやう》の利益《りえき》を時《じ》價《か》に見積《みつも》りたる金額《きんがく》、其《そ》の用途《ようと》の大要《だいえう》、支出先《ししゆつさき》、支出年月日《ししゆつねんぐわつぴ》及見積《およびみつも》りの詳細《しやうさい》なる根據《こんきよ》を評價《ひやうか》

簿《ぼ》に記載《きさい》すべし

（一）選擧事務長《せんきよじむちやう》選擧運動《せんきよううんどう》の費用《ひよう》として財産上《ざいさんじやう》の義務《ぎむ》を負擔《ふたん》し又《また》は金錢以外《きんせんいぐわい》の財産上《ざいさんじやう》の利益《りえき》を使用《しよう》し若《も》くは費消《ひせう》したるとき

（二）選擧事務長《せんきよじむちやう》第《だい》六項及《かうおよ》び第《だい》八項《かう》に掲《かゝ》ぐる規定《きてい》に依《よ》り財産上《ざいさんじやう》の義務《ぎむ》の負擔又《ふたんまた》は金錢以外《きんせんいぐわい》の財産上《ざいさんじやう》の利益《りえき》の使用若《しようも》くは費消《ひせう》に關《くわん》する精算書《せいさんしよ》を作成《さくせい》したるとき

（三）選擧事務長第《せんきよじむちやうだい》一項乃至第《かうないしだい》三項《かう》に掲《かゝ》ぐる規定《きてい》に依《よ》り財産上《ざいさんじやう》の義務《ぎむ》の負擔又《ふたんまた》は金錢以外《きんせんいぐわい》の財産上《ざいさんじやう》の利益《りえき》の使用若《しようも》くは費消《ひせう》に關《くわん》する承諾簿《しようだくぼ》の記載《きさい》を爲《な》したるとき。

五、左《さ》に掲《かゝ》ぐる場合《ばあひ》に於《おい》ては選擧事務長《せんきよじむちやう》は直《たゞち》に支出金額其《ししゆつきんがくその》の用途《ようと》の大要《たいえう》、支出先及支出年月日《ししゆつさきおよびししゆつねんぐわつぴ》を支出簿《ししゆつぼ》に記載《きさい》すべし。

（一）選擧事務長金錢《せんきよじむちやうきんせん》を以《もつ》て選擧運動《せんきよううんどう》の費用《ひよう》の支出《ししゆつ》を爲《な》したるとき。

（二）選擧事務長《せんきよじむちやう》第《だい》六項及第《かうおよびだい》八項《かう》に掲《かゝ》ぐる規定《きてい》に依《よ》り金錢《きんせん》の支出《ししゆつ》に關《くわん》する精算書《せいさんしよ》を作成《さくせい》したるとき。

（三）選擧事務長第《せんきよじむちやうだい》十三項《かう》に掲《かゝ》ぐる規定《きてい》に依《よ》り金錢《きんせん》の支出《ししゆつ》に關《くわん》する承諾簿《しやうだくぼ》の記載《きさい》を爲《な》したるとき。

（四）選擧事務長第《せんきよじむちやうだい》十四項《かう》に掲《かゝ》ぐる規定《きてい》に依《よ》り評價簿《ひやうかぼ》の記載《きさい》を爲《な》したるとき。

（衆議院議員選擧法施行令第六十一條同六十二條第一、二、三、同六十三條六十四條參照）

七、選擧事務長《せんきよじむちやう》は何時《いつ》でも警察官吏《けいさつくわんり》から求《もと》められた場合帳簿《ばあひちやうぼ》又《また》は書類《しよるゐ》を提示《ていじ》し之《これ》が說明《せつめい》に當《あた》らなければならぬ。又辭任解任《またじにんかいにん》の場合《ばあひ》は直《たゞち》に後任者《こうにんしや》に清算引繼《せいさんひきつ》ぎをしなければならぬ。

一、警察官吏《けいさつくわんり》は選擧期日後何時《せんきよきじつごなんどき》にても選擧事務長《せんきよじむちやう》に對《たい》し選擧運動《せんきよううんどう》の費用《ひよう》に關《くわん》する帳簿又《ちやうぼまた》は書類《しよるゐ》の提出《ていしゆつ》を命《めい》じ之《これ》を檢査《けんさ》し之《これ》に關《くわん》する說明《せつめい》を求《もと》むることを得《う》。

二、選擧事務長辭任《せんきよじむちやうじにん》し又《また》は解任《かいにん》せられたる場合《ばあひ》に於《おい》ては遲滯《ちたい》なく選擧運動《せんきよううんどう》の費用《ひよう》の計算《けいさん》を爲《な》し新《あらた》に選擧事務長《せんきよじむちやう》と爲《な》りたる者《もの》に對《たい》し、新《あらた》に選擧事務長《せんきよじむちやう》と爲《な》りたる者《もの》なきときは衆議院議員選《しうぎゐんぎゐんせん》擧法第《きよはふだい》九十五條《でう》の規定《きてい》に依《よ》り選擧事務長《せんきよじむちやう》の職務《しよくむ》を行《おこな》ふ者《もの》に對《たい》し選擧事務所《せんきよじむしよ》、選擧委員《せんきよゐゐん》、選擧《せんきよ》事務員《じむゐん》其《そ》の他《た》に關《くわん》する事務《じむ》と共《とも》に其《そ》の引繼《ひきつ》ぎを爲《な》すべし第《だい》九十五條《でう》の規定《きてい》に依《よ》り選擧事務長《せんきよじむちやう》の職務《しよくむ》を行《おこな》ふ者事務《ものじむ》の引繼《ひきつ》ぎを受《う》けたる後新《のちあらた》に選擧事務長《せんきよじむちやう》定《さだ》まりたるとき亦同《またおな》じ。

前項《ぜんかう》に掲《かゝ》ぐる規定《きてい》に依《よ》り事務《じむ》の引繼《ひきつぎ》を爲《な》す場合《ばあひ》に於《おい》ては第《だい》十八項《かう》に掲《かゝ》ぐる精算書《せいさんしよ》の樣式《やうしき》に準《じゆん》じ選擧運動《せんきよらんどう》の費用《ひよう》の計算書《けいさんしよ》を作成《さくせい》して引繼《ひきつぎ》を爲《な》す者及引繼《ものおよびひきつぎ》を受《う》ける者《もの》に於《おい》て之《これ》に引繼《ひきつぎ》の旨及《むねおよび》引繼年月日《ひきつぎねんぐわつぴ》を記載《きさい》し共《とも》に署名捺印《しよめいなついん》し衆議院議員選擧法施行令第《しうぎゐんぎゐんせんきよはふしかうれいだい》六十八條《でう》に定《さだ》むる帳簿及書類《ちやうぼおよびしよるゐ》と共《とも》に其《そ》の引繼《ひきつぎ》を爲《な》すべし。

（衆議院議員選擧法第百八條百九條市制町村制施行令第三十二條、衆議院議員選擧法施行令第六十五條參照）

八、選擧事務長《せんきよじむちやう》は選擧費《せんきよひ》の精算屆出《せいさんとゞけいで》を爲《な》した日《ひ》から一年間帳簿及書類《ねんかんちやうぼおよびしよるゐ》を保存《ほぞん》しなければならぬ。

選擧事務長《せんきよじむちやう》は衆議院議員選擧法第《しうぎゐんぎゐんせんきよはふだい》百六條第《でうだい》一項《かう》の屆出《とゞけいで》（地方長官《ちはうちやうくわん》に對《たい》し選擧運動《せんきようんどう》の精算屆《せいさんとゞけ》）を爲《な》したる日《ひ》より一年間選擧運動《ねんかんせんきようんどう》の費用《ひよう》に關《くわん》する帳簿及書類《ちやうぼおよびしよるゐ》を保存《ほぞん》すべし。

（市制第三十九條ノ三衆議院議員選擧法第百七條第一項參照）

九、選擧事務長《せんきよじむちやう》は選擧終了後《せんきよしうれうご》十四日《か》以《い》内《ない》に選擧費用《せんきよひよう》の精算書《せいさんしよ》を警察官署《けいさつくわんしよ》を經《へ》て地方長官《ちはうちやうくわん》に屆《とゞ》けねばならぬ。（屆書樣式附錄參照）

選擧事務長《せんきよじむちやう》は勅令《ちよくれい》の定《さだ》むる所《ところ》により選擧運動《せんきよううんどう》の費用《ひよう》を精算《せいさん》し選擧《せんきよ》の期日《きじつ》より十四日《か》以《い》内《ない》に衆《しう》議院議員選擧法第《ぎゐんぎゐんせんきよはふだい》八十八條第《でうだい》五項《かう》の屆出《とゞけいで》ありたる警察官署《けいさつくわんしよ》を經《へ》て之《これ》を地方長官《ちはうちやうくわん》に屆出《とゞけい》づべし。

（市制第三十九條ノ三衆議院議員選擧法第百七條第一項參照）

から數《かぞ》へ來《きた》ると選擧事務長《せんきよじむちやう》又中々《またなか〱》多事《たじ》なりとも思《おも》はれるが、要《えう》するに選擧運動中《せんきよううんどうちう》四六時《じ》の用務《ようむ》を列記《れつき》したので長《なが》くなつただけで、馴《な》るれば日常茶飯事《にちじやうさはんじ》の事《こと》であり、まして記帳《きちやう》の事《こと》は書記《しよき》をして之《これ》に當《あた》らしむれば足《た》り、事務長《じむちやう》は事務長《じむちやう》。どこ〱迄《まで》も選擧《せんきよ》の樞機《すうき》に携《たづさ》はらねばならぬ。厄介《やくかい》な仕事《しごと》だと尻込《しりご》みして頂《いたゞ》きたくないために特《とく》に註《ちう》の筆《ふで》を差《さ》し加《くは》へる。

新戦術の見舞狀（選擧エピソード）（三）

有權者《いうけんしや》の家《いへ》にほんの一寸《ちよつと》した盜難《たうなん》や火事《くわじ》があつても翌日《よくじつ》は各候補者《かくこうほしや》から丁寧《ていねい》な見舞《みまひ》狀《じやう》が舞《ま》ひ込《こ》んで來《く》る。

五、立候補宣言

立候補《りつこうほ》の宣言《せんげん》は文書《ぶんしよ》によると、言論《げんろん》によると二つあるが、殆《ほとん》ど立候補《りつこうほ》宣言《せんげん》は文書《ぶんしよ》即《すなは》ち印刷物《いんさつぶつ》に依《よ》るが多《おほ》い。宣言《せんげん》と出《だ》すと何《なに》か六づかしい文句《もんく》でも使《つか》はねばならぬかにも響《ひゞ》くか知《し》らぬが、要《えう》するに立候補《りつこうほ》の趣旨《しゆし》を明《あきら》かにすればいい。又《また》立候補《りつこうほ》の挨拶《あいさつ》であつてもいい。

こゝに最近《さいきん》行《おこな》はれた選擧《せんきよ》の立候補《りつこうほ》の挨拶狀《あいさつじやう》から文例《ぶんれい》の四五を擧《あ》げて見《み》る。

有權者各位に御挨拶

普通選擧《ふつうせんきよ》施行《しかう》後最初《ごさいしよ》の市會議員選擧《しくわいぎゐんせんきよ》が愈々《いよ〳〵》來《きた》る三月《ぐわつ》廿日《か》執行《しつかう》せられる事《こと》となりました。

此《こ》の意義《いぎ》ある選擧《せんきよ》に際《さい》し不肖私《ふせうわたし》が友人知己《いうじんちこ》の御薦《おすゝ》めに依《よ》り今回多數有力候補者諸士《こんくわいたすういうりよくこうほしやしよし》と相《あひ》伍しで立候補《りつこうほ》することの出來《でき》ましたことは此《こ》の上《うへ》もなき光榮《くわうえい》と存《ぞん》じます就《つ》きましては一々御目《おめ》にかゝりまして私《わたし》の市政《しせい》に對《たい》する抱負《はうふ》を申上《まをしあ》げ又各位《またかくゐ》の御意見《ごいけん》を拜聽《はいちやう》し然《しか》る上御《うへご》援助《ゑんじよ》を仰《あふ》ぐべきでありますが改正選擧法《かいせいせんきよはふ》は戸別訪問《こべつはうもん》を絶對《ぜつたい》に禁止《きんし》して居《ゐ》るので止《や》むなく書中《しよちう》を以《もつ》て立候補《りつこうほ》の御挨拶《ごあいさつ》を申《まを》し上《あ》げる次第《しだい》であります

卑見《ひけん》は何《いづ》れ演説會《えんぜつくわい》なり又印刷物《またいんさつもの》を以《もつ》て發表《はつぺう》し各位《かくゐ》の期待《きたい》を得《え》たい積《つも》りであります大方有權者各位有志諸賢《おほかたいうけんしやかくゐいうししよけん》の御同情《ごどうじやう》に依《よ》り幸《さいは》ひに當選《たうせん》する事《こと》が出來《でき》ましたならば沈滯《ちんたい》せる市界《しかい》の現狀《げんじやう》を打開《だかい》しお互《たがひ》の福利增進《ふくりぞうしん》に就《つ》いて全力《ぜんりよく》を盡《つく》す覺悟《かくご》であります。

何卒《なにとぞ》此《こ》の意中《いちう》を御諒承《ごれうしよう》の上御同情《うへごどうじやう》ありて貴下《きか》の御《ご》一票《ぺう》を私《わたし》の爲《ため》に御投票《ごとうへう》あらん事《こと》を切《せつ》に希《こひねが》ひ申《まを》し上《あ》げます。

昭和四年三月

市會議員候補者

嚴正中立　△△△△

內野中將の立候補宣言

次《つぎ》に旭川《あさひがは》師《し》團長《だんちやう》を罷《や》むるや間《ま》なく總選擧《そうせんきよ》に立候補《りつこうほ》した內野《うちの》中將《ちうじやう》の立候補《りつこうほ》宣言書《せんげんしよ》を擧《あ》げる

宣言

選擧區《せんきよく》民《みん》有志《いうし》方々《かた〴〵》の御勸《おすゝ》あによりまして再《ふたゝ》び第《だい》四區《く》門司小倉企救京都筑上田川より衆議《しうぎ》院議員《ゐんぎゐん》の候補者《こうほしや》に立《た》つことになりました私《わたし》は籍《せき》を政友會《せいいうくわい》に有《いう》するが故《ゆゑ》に其主義《そのしゆぎ》政策《せいさく》に從《したが》ひ邁進致《まいしんいた》します即《すなは》ち所謂《いはゆる》產業立國《さんげふりつこく》の大旆《おほはた》の下《もと》に特《とく》に經濟機關《けいざいきくわん》の整備《せいび》商工業《しやうこうげふ》の絕對保護《ぜつたいほご》農《のう》漁村《ぎよそん》の根本改善等《こんぽんかいぜんとう》に對《たい》し傳統的積極政策《でんとうてきせききよくせいさく》を實行《じつかう》し以《もつ》て速《すみや》かに景氣《けいき》を回復《くわいふく》し國民生活《こくみんせいくわつ》の安《あん》

全《ぜん》を企圖《きと》する考《かんが》へであります。
以上《いじやう》の通《とほ》りでありますから是非《ぜひ》御共鳴《ごきようめい》の上《うへ》多大《ただい》の御同情《ごどうじやう》と御援助《ごゑんじよ》を御願《おねが》ひ致《いた》します。

昭和三年二月七日

門司市大里町
立憲政友會
公認候補　内野辰次郎

有權者各位

宣言

自治《じち》は經濟自治《けいざいじち》（經濟獨立《けいざいどくりつ》）を以《もつ》て其基調《そのきてう》とし、自治政《じちせい》の合理化《がふりくわ》は、市政《しせい》の運用《うんよう》を以《もつ》て自己生活分內《じこせいくわつぶんない》の事《こと》とする自發的市民《じはつてきしみん》の後援《こうゑん》を待《ま》つて、始《はじ》めて其目的《そのもくてき》を達《たつ》する事《ごと》が出來《でき》るのであります。

教育《けういく》、衛生《ゑいせい》、港灣《かうわん》、上下水道等皆政府《じやうげすゐだうとうみなせいふ》の補助《ほじよ》を待《ま》つに非《あら》ざれば之《これ》を爲《な》し得《え》ないのでは、市《し》政《せい》の合理《がふり》化《くわ》は勿論《もちろん》、經濟自治《けいざいじち》を其根底《そのこんてい》とする健全《けんぜん》なる自治體《じちたい》の發達《はつたつ》は固《もと》より之《これ》を期待《きたい》することは出來《でき》ないのであります。

自由《じいう》に生《い》き、節制《せつせい》に自覺《じかく》せる國民《こくみん》は富《と》み、保護《ほご》に生《い》き官權《くわんけん》に頼《たよ》る民《たみ》は貧《ひん》し、市政《しせい》の合理《がふり》化《くわ》、自治體《じちたい》の健全《けんぜん》なる發達《はつたつ》は到底《たうてい》之《これ》を保護《ほご》に生《い》き官能《くわんのう》に頼《たよ》らんとする市民《しみん》に之《これ》を期待《きたい》し得《え》られないのであります。自治體《じちたい》は經濟團體《けいざいだんたい》であり、經濟生活《けいざいせいくわつ》は個人《こじん》の自發《じはつ》と企業《きげふ》とに依《よ》つて始《はじ》めて其目的《そのもくてき》を達《たつ》し得《え》られるとする積極的《せききよくてき》の市民《しみん》があつて始《はじ》めて自治體《じちたい》の健全《けんぜん》なる發達《はつたつ》、市政《しせい》の合理《がふり》化《くわ》はこれを期待《きたい》することが出來《でき》るのであります。

私《わたし》は右《みぎ》の如《ごと》く信《しん》じ此信念《このしんねん》を以《もつ》て市政運用《しせいうんよう》の合理《がふり》化《くわ》と自治體《じちたい》の健全《けんぜん》なる發達《はつたつ》の爲《た》めに皆様《みなさま》の御後援《ごこうゑん》と御激勵《ごげきれい》に依《よ》つて終始《しうし》一貫微力《くわんびりよく》ながら幾分《いくぶん》の盡力《じんりよく》をしたいと思《おも》ふものであります。前《まへ》にも申述《まをしの》べました如《ごと》く、市政《しせい》及自治體《およびじちたい》の健全《けんぜん》なる發展《はつてん》を以《もつ》て自己分内《じこぶんない》の事《こと》とし、積極的《せききよくてき》に民意《みんい》を市政《しせい》に反映《はんえい》せしめんとせらるゝ皆様《みなさま》の御後援《ごこうゑん》が有力《いうりよく》なれば有力《いうりよく》なる程《ほど》、私共《わたしども》も大《だい》いに意《い》を強《つよ》うして働《はたら》ける譯《わけ》であります。

最近《さいきん》市政《しせい》の淨化《じやうくわ》々々〱といふ聲《こゑ》を聞《き》きます。市政《しせい》の淨化《じやうくわ》誠《まこと》に結構《けつこう》であります。否《いな》私《わたし》も市政《しせい》の淨化《じやうくわ》に付《つ》いては出來《でき》るだけの努力《どりよく》を致《いた》したいと思《おも》ふものであります。然《しか》しながら市政《しせい》の淨化《じやうくわ》は愛憎好惡《あいぞうかうを》の感情《かんじやう》を以《もつ》てこれを招來《せうらい》せんと企圖《きと》する事《こと》は恰《あたか》も政治《せいぢ》の倫理化《りんりくわ》といつて合理化《がふりくわ》すべき國政《こくせい》をば道德《だうとく》、感情《かんじやう》を以《もつ》て之《これ》を救《すく》はんとするのと同《おな》じことで之《これ》は到底合《たうていがふ》理化《りくわ》と倫理化《りんりくわ》、理性《りせい》と感情《かんじやう》とをゴツチヤにした議論《ぎろん》であることの謗《そし》りを免《まぬか》れません市政《しせい》の合理化《がふりくわ》を以《もつ》て先決條件《せんけつでうけん》とし、市政《しせい》の合理化《がふりくわ》は自治體《じちたい》の經濟的獨立《けいざいてきどくりつ》を根本條件《こんぽんでうけん》とし自治《じち》體《たい》の經濟的獨立《けいざいてきどくりつ》は人生《じんせい》は經濟《けいざい》なりとし積極的《せききよくてき》に富《とみ》を生產《せいさん》せんとする個人《こじん》あつて始《はじ》めて其《その》目的《もくてき》を達成《たつせい》することが出來《でき》るのであります。これ私《わたし》が淨化《じやうくわ》といはず市政《しせい》の合理化《がふりくわ》、經濟《けいざい》化《くわ》を唱《とな》ふる所以《ゆゑん》であります。願《ねが》はくは市政《しせい》の淨化《じやうくわ》は其合理化《そのがふりくわ》にあるを信《しん》じ、皆樣《みなさま》と共《とも》に市政《しせい》の合理化《がふりくわ》に向《むか》つて積極的《せききよくてき》に不斷《ふだん》の努力《どりよく》を續《つゞ》けたいと思《おも》ひます。

人生《じんせい》は經濟《けいざい》なり、政治《せいぢ》は經濟生活《けいざいせいくわつ》の動態《どうたい》なりとする觀念《くわんねん》によりますれば、眞《しん》に個人《こじん》として生《い》くるには國家《こくか》、社會《しやくわい》の利益《りえき》を意識《いしき》せねばなりませぬ。

商賣《しやうはい》は直接《ちよくせつ》個人《こじん》の利益《りえき》を計《はか》る、政治《せいち》は直接《ちよくせつ》に國家《こくか》社會《しやくわい》の利益《りえき》を計《はか》ると共《とも》に延《ひ》いて個人《こじん》を利《り》するものであります。選擧《せんきよ》は年中《ねんちう》行事《ぎやうじ》の一である、一度《ど》は何《なに》かの選擧《せんきよ》がある、經濟問《けいざいもん》題《だい》として生活問題《せいくわつもんだい》として行《おこな》はるべきであります、明白《めいはく》なる個人《こじん》意識《いしき》なく、明白《めいはく》なる社會《しやくわい》意識《いしき》なく、合理的《がふりてき》經濟《けいざい》生活《せいくわつ》意識《いしき》なく、徒《いたづ》らに感情的《かんじやうてき》に、性急《せいきふ》に、刹那的《せつなてき》に、瞬間的《しゆんかんてき》に、白熱《はくねつ》、赤熱《せきねつ》、するも選擧《せんきよ》の淨化《じやうくわ》、政治《せいち》の淨化《じやうくわ》、は望《のぞ》まれないと思《おも》ひます。

私《わたし》の政治《せいち》、並《ならび》に市政《しせい》に對《たい》する根本觀念《こんぽんくわんねん》は以上《いじやう》の如《ごと》くであります、私《わたし》は此《こ》の觀念基調《くわんねんきてう》を以《もつ》て、選擧《せんきよ》に臨《のぞ》み、市政《しせい》に臨《のぞ》み、之《これ》を其《そ》の百般《ぱん》の施設經營《しせつけいえい》に應用《おうよう》、適用《てきよう》して見《み》たいと思《おも》ひます、則《すなは》ち

一、市財政《しざいせい》の整理緊縮《せいりきんしゆく》

一、市民負擔《しみんふたん》の輕減《けいげん》

一、教育《けういく》の經濟化《けいざいくわ》及《およ》び經濟生活教育《けいざいせいくわつけういく》を目的《もくてき》とする教育《けういく》の改造等《かいざうとう》が其《その》一班《ぱん》であります。

尚《なほ》詳《くは》しくは演說會《えんぜつくわい》に於《おい》て述《の》べたいと思《おも》ひます。私《わたし》は以上《いじやう》の信念《しんねん》の下《もと》に一路《ろ》邁進《まいしん》私《わたし》の平生《へいせい》

の所信《しよしん》を貫徹《くわんてつ》せんが爲《た》めに更《さら》に今回《こんくわい》の選擧《せんきよ》に際《さい》し敢《あへ》て不肖《ふせう》を省《かへり》みず深甚《しんじん》なる有志《いうし》諸君《しよくん》の御勸《おすゝ》めに依《よ》りまして立《た》つたのであります。

願《ねが》はくは私《わたし》をして積極的《せききよくてき》に其責任《そのせきにん》を完《まつた》ふせしめんが爲《た》めに選擧民各位《せんきよみんかくゐ》が舊《きう》に倍《ばい》する御後《ごこう》援《えん》を賜《たま》はらん事《こと》を切望《せつばう》いたします。

昭和四年三月日

東京市會議員
候補者　△　△　△　△

六、選擧運動

選擧運動の合法的範圍

一口《くち》に選擧運動《せんきようんどう》と云《い》ふ。選擧運動《せんきようんどう》とはどんなものを云《い》ふのであるか。どの程度《ていど》までは選擧運動《せんきようんどう》と認《みと》められないか、認《みと》められるか、内務省《ないむしやう》の解釋《かいしやく》に見《み》る要《えう》がある。

一、多数《たすう》の者《もの》が演説會《えんぜつくわい》を開《ひら》くかどうかまたは推薦状《すゐせんじやう》を出《だ》すかどうかにつき協議《けふぎ》を行《おこな》ふ行爲《かうゐ》およびその様《やう》な協議會《けふぎくわい》開催《かいさい》を斡旋《あつせん》する行爲《かうゐ》は第《だい》三者《しや》の合法的選擧運動《がふはふてきせんきようんどう》の中《うち》には含《ふく》まれない。

一、第《だい》三者《しや》が文書《ぶんしよ》又《また》は口頭《こうとう》で推薦状《すゐせんじやう》を出《だ》して貰《もら》ひたいとか、演説會《えんぜつくわい》を開催《かいさい》して貰《もら》ひたいなど依《い》頼勸説《らいくわんせい》することもまた同様《どうやう》である。

一、立候補《りつこうほ》をしやうとするものが選擧人《せんきよじん》に對《たい》して立候補《りつこうほ》の可否《かひ》につき批評《ひひやう》回答《くわいたふ》を求《もと》める行爲《かうゐ》は立候補準備行爲《りつこうほじゆんびかうゐ》の範圍《はんゐ》を超《こ》えてゐるから違反行爲《ゐはんかうゐ》になる。

一、候補者《こうほしや》又《また》は法定運動者《はふていうんどうしや》が選擧運動《せんきよううんどう》のためビラの配布《はいふ》封書《ふうしよ》の上書《うはがき》等《とう》の機械的勞務者《きかいてきらうむしや》を一時的《じてき》に使用《しよう》することは差支《さしつかへ》ない。

一、立候補屆出前《りつこうほとゞけいでぜん》立候補《りつこうほ》の聲明書《せいめいしよ》を新聞紙《しんぶんし》を通《つう》じて發表《はつぺう》する場合《ばあひ》『立候補《りつこうほ》したら投票《とうへう》を乞《こ》ふ』といふ様《やう》な字句《じく》を使《つか》つたり特《とく》にさういふ字句《じく》はなくとも明《あきら》かに投票《とうへう》を求《もと》むる意味《いみ》が含《ふく》まれてをれば勿論《もちろん》立候補《りつこうほ》したといふ宣言自身《せんげんじしん》が投票《とうへう》を求《もと》むる趣旨《しゆし》と解《かい》されるから屆出前《とゞけいでぜん》における選擧運動《せんきよううんどう》として違反《ゐはん》となる。

一、立候補《りつこうほ》届出前《とどけいでぜん》第《だい》三者《しや》が選擧委員《せんきよゐゐん》になることを依賴《いらい》してその承諾狀《しようだくじよう》をとることは違反行爲《ゐはんかうゐ》となる。

一、法定《はふてい》選擧運動者《せんきよううんどうしや》でないものに向《むか》つて演說《えんぜつ》推薦狀《すゐせんじよう》以外《いぐわい》の選擧運動《せんきよううんどう》を依賴《いらい》した場合《ばあひ》にはその依《い》賴《らい》を受《う》けたものが選擧運動《せんきよううんどう》に着手《ちやくしゆ》してゐると否《いな》とを問《と》はず依賴行爲《いらいかうゐ》自體《じたい》が違反行爲《ゐはんかうゐ》になる。

一、第《だい》三者《しや》が繼續的《けいぞくてき》に選擧運動《せんきよううんどう》をなすため勞務者《らうむしや》を繼續的《けいぞくてき》に使用《しよう》することは組織的《そしきてき》選擧運動《せんきよううんどう》といはねばならぬ、果《はた》して然《しか》らば選擧事務所《せんきよじむしよ》の設置《せつち》又《また》は選擧委員《せんきよゐゐん》もしくは選擧事務員《せんきよじむゐん》の選任《せんにん》あるものと認《みと》めなければならないから第《だい》三者《しや》の繼續的《けいぞくてき》および繼續的勞務者《けいぞくてきらうむしや》の使用《しよう》は違反行爲《ゐはんかうゐ》となる。

一、第《だい》三者《しや》が演說《えんぜつ》による選擧運動《せんきよううんどう》において選擧民《せんきよみん》に對《たい》し候補者《こうほしや》のため投票《とうへう》の依賴《いらい》をすることは差支《さしつかへ》ない。

豫選會と寄附金

一、各種《かくしゆ》の組合《くみあひ》又《また》は團體等《だんたいとう》に於《おい》て議員候補者《ぎゐんこうほしや》の豫選會《よせんくわい》を開催《かいさい》し特定人《とくていにん》を候補者《こうほしや》として豫選《よせん》した場合《ばあひ》その顚末《てんまつ》を組合《くみあひ》または團體《だんたい》の缺出者《けつしゆつしや》に通知《つうち》する行爲《かうゐ》は選擧運動《せんきよううんどう》である。

一、立候補《りつこうほ》せんとするものの運動資金《うんどうしきん》を調達《てうたつ》する爲《ため》寄附金《きふきん》を募集《ぼしふ》することはその時期方法地域《じきはうはふちゐき》其《そ》の他諸般《たしよはん》の事情《じじやう》を綜合《そうがふ》してその行爲《かうゐ》が議員候補者《ぎゐんこうほしや》たらんとする者《もの》のため投票《とうへう》を得《え》しむるにあるものと認《みと》めらるゝ場合《ばあひ》は違法《ゐはふ》の選擧運動《せんきよううんどう》となる。

候補斷念と後援會

一、選擧區域《せんきよくゐき》を同《おな》じうする二人《にん》の候補者《こうほしや》に對《たい》し第三者《だいしや》が其《そ》の中《うち》の一人《にん》に立候補《りつこうほ》を斷念《だんねん》する樣勸誘《やうくわんいふ》した場合《ばあひ》、殘《のこ》る候補者《こうほしや》のため當選《たうせん》を斡旋《あつせん》する事情《じじやう》があれば第三者《だいしや》は選擧違反《せんきよゐはん》になる。

一、演說會場《えんぜつくわいぢやう》として學校借入《がくかうかりいれ》に關《くわん》し第三者《だいしや》が斡旋《あつせん》する行爲《かうゐ》も選擧違反《せんきよゐはん》である。

一、活動寫眞《くわつどうしやしん》の映畫《えいぐわ》の幕間《まくあひ》に議員候補者《ぎゐんこうほしや》の氏名《しめい》を映寫《えいしや》することはその活動寫眞館主《くわつどうしやしんくわんしゆ》が選擧運動《せんきよううんどう》の機會《きくわい》を與《あた》へたものとして違反《ゐはん》となる。

一、選擧前《せんきよぜん》になると立候補《りつこうほ》せんとするものゝために何々《なに〳〵》君後援會《くんこうゑんくわい》と云《い》ふ樣《やう》なものが組織《そしき》されるがその目的《もくてき》が單《たん》に被後援者《ひこうゑんしや》の人格敬慕《じんかくけいぼ》または政治的《せいぢてき》努力《どりよく》の推薦等《すゐせんとう》に止《とゞ》まるときは選擧運動《せんきよううんどう》とはいはれないが、そのものをして選擧《せんきよ》に際《さい》し當選《たうせん》を得《え》しむるの目的《もくてき》に出《い》づること明《あきら》かであればその組織《そしき》の時期《じき》、場所《ばしよ》または方法等《はうはふとう》の如何《いかん》により選擧運動《せんきよううんどう》と認《みと》められる場合《ばあひ》もあり得《う》る。

一、選擧委員《せんきよゐゐん》に選任《せんにん》せられた者《もの》でもその屆出《とゞけいで》を出《だ》さない間《あひだ》は選擧運動《せんきよううんどう》することは出來《でき》ない。

普選法《ふせんはふ》が從來《じうらい》の選擧法《せんきよはふ》と異《こと》なる點《てん》の一つに戸別訪問《こべつはうもん》、個々面接《こゝめんせつ》、電話《でんわ》による選擧運動《せんきよううんどう》の禁止《きんし》がある從來《じうらい》の選擧運動《せんきよううんどう》といへば、戸別訪問《こべつはうもん》が唯《ゆゐ》一最良《さいりやう》の方法《はうはふ》とされてゐたのであるから昨年《さくねん》の府縣會議《ふけんくわいぎ》員選擧《ゐんせんきよ》でもいろんな方法《はうはふ》を講《かう》じては戸別訪問類似《こべつはうもんるゐじ》のことがされた、これに關《くわん》する疑義《ぎぎ》もまた相當《さうたう》に多《おほ》い。

戸別訪問及面接とは

一、戸別訪問《こべつはうもん》は被訪問者《ひはうもんしや》の投票《とうへう》に關係《くわんけい》がなければならぬ故《ゆゑ》に選擧事務長《せんきよじむちやう》、選擧委員《せんきよゐゐん》、選擧事務《せんきよじむ》員《ゐん》を依頼《いらい》するとか推薦《すゐせん》を依頼《いらい》するためとか又《また》は演説會《えんぜつくわい》その他《た》の集會《しふくわい》に出席《しゆつせき》を依頼《いらい》するための訪問《はうもん》の如《ごと》きは戸別訪問《こべつはうもん》にはならない、しかしかゝる用件《ようけん》に藉口《しやこう》して特定候補者《とくていこうほしや》のために投票《とうへう》を得《え》、もしくは得《え》しめ、または得《え》しめざる目的《もくてき》を以《もつ》て訪問《はうもん》すれば勿論《もちろん》、眞《しん》に右《みぎ》の様《やう》な用件《ようけん》であつても時《とき》に被訪問者《ひはうもんしや》の投票《とうへう》に關係《くわんけい》することを話《はな》せば當然《たうぜん》戸別訪問《こべつはうもん》として處罰《しよばつ》される。

一、法定運動者《はふていうんどうしや》が選擧區域外《せんきよくゐきぐわい》に居住《きよぢう》する知己《ちき》、友人《いうじん》らの有權者《いうけんしや》を歴訪《れきはう》して推薦狀《すゐせんじやう》の發送《はつそう》を依頼《いらい》しても戸別訪問《こべつはうもん》にはならない。

一、選擧期日《せんきよきじつ》の告示《こくじ》前選擧人中《ぜんせんきよにんちう》の主《おも》なるものを訪問《はうもん》して立候補《りつこうほ》の意思《いし》あるものの爲《ため》に推薦人《すゐせんにん》として署名調印《しよめいてういん》を求《もと》めると戸別訪問《こべつはうもん》になるばかりでなく第三者《だいさんしや》としての許《ゆる》されざる選擧運動《せんきようんどう》となる。

一、候補者《こうほしや》の名刺《めいし》を街路《がいろ》に散布《さんぷ》するだけなら無論戸別《むろんこべつ》にはならないがその名刺《めいし》を特《とく》に選擧人《せんきよにん》の住居《ぢうきよ》の入口《いりぐち》近《ちか》くに散布《さんぷ》するやうなことをすれば戸別訪問《こべつはうもん》と看做《みな》される場合《ばあひ》がある、また推《すゐ》薦狀《せんじやう》と名刺《めいし》とを同封《どうふう》して郵便《いうびん》もしくば、一時《じ》的勞務者《てきらうむしや》をして選擧人《せんきよにん》に配布《はいふ》させても戸別訪問《こべつはうもん》にはならない、また選擧委員《せんきよゐん》が選擧人《せんきよにん》の各戸《かくこ》について個々《こゝ》に面接《めんせつ》しても（一）運動員《うんどうゐん》になつてくれとの依頼《いらい》（二）推薦状《すゐせんじやう》に記名《きめい》を承諾《しやうだく》させる依頼《いらい》（三）演說會出席《えんぜつくわいしゆつせき》の依頼《いらい》（四）候補者《こうほしや》推薦協議會《すゐせんけふぎくわい》への出席依頼《しゆつせきいらい》（五）宣傳《せんでん》ビラをその戸前《こぜん》に掲《かゝ》ぐべき依頼《いらい》（六）推薦状《すゐせんじやう》を交付《かうふ》する行爲等《かうゐとう》は違反《ゐはん》とはならない。

一、議員候補者《ぎゐんこうほしや》が二人以上《にんいじやう》の選擧人《せんきよにん》を數《すう》ケ所《しよ》に集《あつ》めて順次《じゆんじ》に集會所《しふくわいしよ》を巡回《じゆんくわい》して投票《とうへう》を依頼《いらい》したり多數《たすう》の選擧民《せんきよみん》が集合《しふがふ》してゐる席上《せきじやう》で各人《かくじん》に順次《じゆんじ》に投票《とうへう》を依頼《よらい》したりすれば個々《こゝ》面接《めんせつ》となる。

一、立候補《りつこうほ》の屆出《とゞけいで》はしてないが立候補《りつこうほ》の意見《いけん》の確實《かくじつ》なもの丶ためその者《もの》のためその者《もの》の屬《ぞく》する政黨《せいたう》に入黨《にふたう》を勸誘《くわんいう》して廻《まは》ると戸別訪問《こべつはうもん》として看《み》られる場合《ばあひ》が多《おほ》い、單純《たんじゆん》なる入黨《にふたう》の勸誘《くわんいう》で右《みぎ》のやうな特定《とくてい》の立候補《りつこうほ》せんとするもの丶ない場合《ばあひ》には勿論差支《もちろんさしつか》へない譯《わけ》である。

一、候補者《こうほしや》や法定運動者《はふていうんどうしや》が俥《くるま》などで選擧區域《せんきよくゐき》を廻《まは》る途中《とちう》偶々《たま〳〵》選擧人《せんきよにん》に會《あ》つて目禮《もくれい》した位《くらゐ》では個々《こゝ》面接《めんせつ》にはならないが選擧人《せんきよにん》に會《あ》ふ事を目的《もくてき》としてぶら〳〵廻《まは》つてをれば個々《こゝ》面接《めんせつ》となる。

尚《なほ》選擧運動費《せんきよううんどうひ》に制限《せいげん》を加《くは》ふることになつてゐる、選擧費《せんきよひ》の支出《ししゆつ》は非常《ひじやう》に面倒《めんたう》で制限以上《せいげんいじやう》の支出《ししゆつ》をすれば候補者《こうほしや》が當選《たうせん》しても無效《むかう》になるのである、これに對《たい》する疑義《ぎぎ》としては次《つぎ》のやうな事《こと》がある。

茶代と祝儀

一、運動員《うんどうゐん》が旅館《りよくわん》に宿泊《しゆくはく》し宿泊料《しゆくはくれう》は選擧事務長《せんきよじむちやう》の支出《ししゆつ》を承諾《しやうだく》したる部分《ぶぶん》から支拂《しはら》ひ茶代祝儀《ちやだいしうぎ》は運動員《うんどうゐん》が自腹《じはら》を切《き》つた場合《ばあひ》ではその茶代祝儀《ちやだいしうぎ》は選擧費用《せんきよひよう》の一部《ぶ》となる。

七、普選法の疑義と解釋

昭和《せうわ》二年秋《ねんあき》に行《おこな》はれた府縣會議員選擧《ふけんくわいぎゐんせんきよ》では普選法《ふせんはふ》に對《たい》する解釋《かいしやく》に可成《かな》りの疑義《ぎぎ》を生《しやう》じた。其後《そのご》内《ない》務《む》、司法兩省《しはふりやうしやう》でこの疑義《ぎぎ》に關《くわん》し、行政解釋《ぎやうせいかいしやく》をなし關係者《くわんけいしや》に配布《はいふ》したがその内主《うちおも》なものは左《さ》の通《とほ》りで問答《もんたふ》はその要旨《えうし》、前項《ぜんかう》の合法的範圍《がふはふてきはんゐ》を更《さら》に良《よ》く說明《せつめい》し得《う》ると思《おも》ふので重複《ちようふく》の嫌《きらひ》もあるが掲《かゝ》げる。

立候補屆出以前における選擧運動の違法

——第九十六條——

一、立候補屆出以前《りつこうほとゞけいでいぜん》においては立候補準備《りつこうほじゆんび》に必要《ひつえう》なる行爲《かうゐ》を除《のぞ》くのほか選擧運動《せんきよううんどう》はこれをなすことを得《え》ず（内務省、司法省）

〔參考《さんかう》〕議員候補者《ぎゐんこうほしや》たらんとするものゝなすことを得《う》る立候補準備《りつこうほじゆんび》に必要《ひつえう》なる行動《かうどう》の種類《しゆるゐ》を例示《れいじ》に說明《せつめい》すれば左《さ》の如《ごと》し。

一、解散《かいさん》に際《さい》し「議會解散《ぎくわいかいさん》よろしく賴《たの》む」と打電《だでん》する行爲《かうゐ》、但《たゞ》し選擧人《せんきよにん》一般《ぱん》に對《たい》して發信《はつしん》したる時《とき》の如《ごと》き投票《とうへう》を得《う》る目的《もくてき》をもつてかゝる行爲《かうゐ》をなしたること明白《めいはく》なる場合《ばあひ》を除《のぞ》く。

二、書面《しよめん》または口頭《こうとう》をもつて「立候補《りつこうほ》したいと思《おも》ふが貴見《きけん》承《うけたまは》りたし」と述《の》ぶる行爲《かうゐ》。

三、書面《しよめん》または口頭《こうとう》をもつて「貴下《きか》の所有《しよいう》の建物《たてもの》を事務所《じむしよ》として貸《か》してくれるや」と問合《とひあは》す行《かう》爲《ゐ》。

四、書面《しよめん》または口頭《こうとう》をもつて「選擧事務長《せんきよじむちやう》または選擧委員《せんきよゐゐん》、選擧事務員《せんきよじむゐん》となつてくれる意志《いし》ありや」と問合《とひあは》す行爲《かうゐ》。

五、起否《きひ》の意思決定《いしけつてい》の資料《しれう》に供《きよう》するため演説會《えんぜつくわい》を開《ひら》き政見《せいけん》を發表《はつぺう》する行爲《かうゐ》。

六、政見《せいけん》を記述《きじゆつ》せる後《のち》「敢《あへ》て立候補《りつこうほ》せんとす」の宣言書《せんげんしよ》を發送《はつそう》する行爲《かうゐ》（但《たゞ》し投票依頼《とうへういらい》の意思《いし》表示《へうじ》ある場合《ばあひ》を除《のぞ》く）

七、政黨《せいたう》の公認《こうにん》を求《もと》むる行爲《かうゐ》。

二乃至《ないし》四の場合《ばあひ》は衆議院議員《しうぎゐんぎゐん》選擧法案《せんきよはふあん》第《だい》九十八條《でう》に觸《ふ》れざるものに限《かぎ》る。

推薦屆出者《すゐせんとゞけいでしや》たらんとするものについても右《みぎ》に準《じゆん》ずる行爲《かうゐ》をなすことはこれを許《ゆる》す。

依頼状封筒の表書と立候補準備行爲

——第九十六條——

「問」立候補《りつこうほ》届出前《とゞけいでまへ》に他人《たにん》をして投票依頼状《とうへういらいじやう》の封筒《ふうとう》の表書《おもてがき》をなさしめ置《お》く行爲《かうゐ》は立候補《りつこうほ》準備《じゆんび》行《かう》爲《ゐ》と認《みと》め差支《さしつか》へなきや

「答」差支《さしつか》へなし「内務省」

他事訪問と戸別訪問

―第九十八條―

「問」戸別訪問《こべつはうもん》は其《そ》の目的直接《もくてきちよくせつ》に被訪問者《ひはうもんしや》の投票《とうへう》を得《え》もしくは得《え》しめまたは得《え》しめざることにあらざるべからず、從《したが》つてたとへ（一）選擧事務長《せんきよじむちやう》、選擧委員《せんきよゐゐん》または選擧事務員《せんきよじむゐん》を依頼《いらい》するための訪問《はうもん》（二）推薦《すゐせん》を依頼《いらい》するための訪問《はうもん》（三）演説會《えんぜつくわい》その他集會《たしふくわい》に出席《しゆつせき》を依頼《いらい》するための訪《はう》問者《もんしや》は戸別訪問《こべつはうもん》にあらずと解《かい》し差支《さしつかへ》なきや。

「答」戸別訪問《こべつはうもん》の目的《もくてき》は訪問者《はうもんしや》その人《ひと》の投票《とうへう》に係《かゝ》はることを要《えう》す從《したが》つて例示《れいじ》の場合《ばあひ》はその目的《もくてき》被訪問者《ひはうもんしや》の投票《とうへう》に係《かゝ》はらざる限《かぎ》り他《た》の條項《でうかう》に違反《ゐはん》する場合《ばあひ》ありとするも戸別訪問《こべつはうもん》には該當《がいたう》せず

しかれども名《な》を推薦依頼《すゐせんいらい》、入黨勸誘《にふたうくわんいう》、選擧委員《せんきよゐゐん》もしくは選擧事務員《せんきよじむゐん》らの就任《しうにん》の依頼《いらい》または演説《えんぜつ》會出席《くわいしゆつせき》の依頼《いらい》などに藉《か》りて特定候補者《とくていこうほしや》のため被訪問者《ひはうもんしや》の投票《とうへう》を得《え》もしくは得《え》しめまたは得《え》しめざる目的《もくてき》に出《い》づる場合《ばあひ》においては勿論眞《もちろんしん》に右《みぎ》の依頼《いらい》をなすの意思《いし》を有《いう》する場合《ばあひ》といへども同時《どうじ》に投票《とうへう》を得《う》もしくは得《え》しめまたは得《え》しめざるの目的《もくてき》を併《あは》せ有《いう》するときは違反《ゐはん》の戸別訪問《こべつはうもん》たることを失《うしな》はざるものとす（司法省、内務省）

選擧期日告示前における推薦署名取纏と戸別訪問

――第九十八條――

「問」　選擧期日《せんきよきじつ》告示《こくじ》前村内《ぜんそんない》選擧人《せんきよにん》の主《おも》なるものを戸別《こべつ》に訪問《はうもん》しかつて推薦《すゐせん》したる何某《なにそれがし》のために推薦人《すゐせんにん》として署名調印《しよめいてういん》を求《もと》むる行爲《かうゐ》は法第《はふだい》九十六條同第《でうどうだい》九十八條《でう》の違反《ゐはん》となるや。

「答」　見込《みこみ》の通《とほ》り（内務省）

候補者推薦會と連名の推薦狀

——第九十六條——

「問」政黨《せいたう》の支部《しぶ》が黨員《たうゐん》を召集《せうしふ》して候補者《こうほしや》を滿場《まんぢやう》一致《ち》推薦《すゐせん》することに決議《けつぎ》しその出席者全部《しゆつせきしやぜんぶ》に對《たい》し推薦狀《すゐせんじやう》に連名《れんめい》せしめこれを各有權者《かくいうけんしや》に發送《はつそう》するは推薦狀《すゐせんじやう》による選擧運動《せんきようんどう》と認《みと》め差支《さしつかへ》なきや。

「答」推薦狀《すゐせんじやう》を差出《さしだ》すことまたは連署《れんしよ》に關《くわん》し勸誘行爲《くわんいふかうゐ》なき限《かぎ》り差支《さしつかへ》なし（内務省）

法定運動者と獨立運動者との兼務

——第八十九條——

「問」特定議員候補者《とくていぎゐんこうほしや》の法定運動者《はふていうんどうしや》は其《そ》の候補者《こうほしや》に對《たい》し獨立運動者《どくりつうんどうしや》たることを得《え》ずと解《かい》し差支《さしつかへ》なきや。

「答」差支《さしつかへ》なし（内務省）

八、第三者の選擧運動

法定運動者《はふていうんどうしや》に非《あら》ざる第《だい》三者《しや》は演說又《えんぜつまた》は推薦狀《すゐせんじやう》に依《よ》つてのみ選擧運動《せんきよううんどう》をする事《こと》が出來《でき》るか、然《しか》らばその第《だい》三者《しや》の選擧運動《せんきよううんどう》とはどの範圍《はんゐ》のものか、又議員候補者或《またぎゐんこうほしやあるひ》は選擧事務長《せんきよじむちやう》との從屬關係《じうぞくくわんけい》の有無《うむ》はどの點《てん》を以《もつ》て區別《くべつ》されてゐるか。

昭和《せうわ》三年《ねん》一月《ぐわつ》三十日內務省《にちないむしやう》の發表《はつぺう》を一應心得《おうこゝろえ》て置《お》く要《えう》がある。

演說に依る選擧運動と從屬關係

所謂第《いはゆるだい》三者《しや》が同《どう》一議員候補者《ぎゐんこうほしや》のため數回連續《すうくわいれんぞく》して演說《えんぜつ》による選擧運動《せんきよううんどう》をなす場合《ばあひ》において議員《ぎゐん》候補者《こうほしや》または選擧事務長《せんきよじむちやう》と從屬關係《じうぞくくわんけい》にありや否《いな》やは兩者《りやうしや》の人物《じんぶつ》、平素《へいそ》の交際關係運動《かうさいくわんけいうんどう》をなすについての實際情況《じつさいじやうきやう》によりこれを認定《にんてい》すべきものなるがこゝにいはゆる從屬關係《じうぞくくわんけい》とはいはゆる第《だい》三者《しや》と議員候補者《ぎゐんこうほしや》または選擧事務長《せんきよじむちやう》との社會的地位《しやくわいてきちゐ》若《もし》くは職業上等《しよくげふじやうとう》の關係《くわんけい》を指稱《ししよう》するものにあらずしていはゆる第《だい》三者《しや》が選擧運動上《せんきよううんどうじやう》議員候補者《ぎゐんこうほしや》または選擧事務長《せんきよじむちやう》との關係《くわんけい》において法定選擧《はふていせんきよ》運動者《うんどうしや》と同一《どういつ》の情況《じやうきやう》に立《た》てることをいふものなり、從《したが》つて、

（一）兩者《りやうしや》の平素《へいそ》に於《お》ける社會上《しやくわいじやう》若《も》しくは身分上《みぶんじやう》の從屬關係《じうぞくくわんけい》を以《もつ》て直《ただち》に選擧運動上《せんきよううんどうじやう》從屬關係《じうぞくくわんけい》にありといふことを得《え》ず、これ等《ら》の事情《じじやう》は單《たん》に選擧運動上《せんきよううんどうじやう》の從屬關係《じうぞくくわんけい》を認定《にんてい》するの一參考資料《さんかうしれう》に過《す》ぎず。

（二）前項述《ぜんかうの》ぶるところにより議員候補者《ぎゐんこうほしや》の夫人令孃《ふじんれいぢやう》といへども理論上直《りろんじやうただち》に以《もつ》て從屬關係《じうぞくくわんけい》にありといふことを得《え》ざるべし。

（三）演說行爲《えんぜつかうゐ》の數回連續《すうくわいれんぞく》せるものゝみを以《もつ》てして苟《いやし》くも從屬關係《じうぞくくわんけい》にありといふを得《え》ず。

（四）議員候補者《ぎゐんこうほしや》または選擧事務長《せんきよじむちやう》の指揮《しき》のまゝに行動《かうどう》する場合殊《ばあひこと》に演說自體《えんぜつじたい》の內容《ないよう》に關《くわん》し專《もつぱ》らこの指揮《しき》を受《う》けたる場合《ばあひ》の如《ごと》きは從屬關係《じうぞくくわんけい》あるものとす。

（五）所謂第《いはゆるだい》三者《しや》が演說《えんぜつ》または推薦狀《すゐせんじやう》による、選擧運動以外《せんきよううんどういぐわい》の運動行爲《うんどうかうゐ》をなす場合卽《ばあひすなは》ち名《な》を第《だい》

三者《しや》の運動《うんどう》にかり議員候補者《ぎゐんこうほしや》または選擧事務長《せんきよじむちやう》の選擧運動計畫《せんきようんどうけいくわく》に參與《さんよ》したる場合《ばあひ》の如《ごと》きは兩《りやう》者《しや》の平素《へいそ》の社會的地位《しやくわいてきちゐ》などに關係《くわんけい》なく從屬關係《じうぞくくわんけい》を生《しやう》じたるものとして選擧委員《せんきよゐゐん》または選擧事《せんきよじ》務員《むゐん》と見做《みな》すべきものとす。

要《えう》は法定《はふてい》の屆出義務《とゞけいでぎむ》を履行《りかう》せずして事實上法定選擧運動者《じじつじやうはふていせんきよううんどうしや》と同樣《どうやう》なる運動行爲《うんどうかうゐ》を行《おこな》はんとするものを防止《ばうし》せんとするの趣旨《しゆし》に出《い》でたるものにして、あへていはゆる第《だい》三者《しや》の演說《えんぜつ》による選擧運動《せんきよううんどう》を抑制《よくせい》せんとするものにあらず、なほ本解釋《ほんかいしやく》は當《たう》省《しやう》がさきの府縣會議員選擧當時《ふけんくわいぎゐんせんきよたうじ》より持《ぢ》したる見解《けんかい》にしていま俄《にはか》にこゝにこれを改《あらた》めたるものにあらず從《したが》つて最近《さいきん》これを司法當局《しはふたうきよく》と協議《けふぎ》したるの事《こと》なし。

九、推薦狀

推薦狀は誰でも出し得る

こゝにＡなる候補者《こうほしや》が立《た》つた。Ａ君《くん》はまことに吾町吾村《わがまちわがむら》の議員《ぎゐん》として立派《りつぱ》な職責《しよくせき》を盡《つく》すに相違《さうゐ》ない。この人《ひと》だけはぜひ當選《たうせん》さしたいものだ。よろしい自分《じぶん》は、自分《じぶん》の意思《いし》に共鳴《きようめい》して呉《く》れると想《おも》はれる人々《ひと〴〵》に、Ａ君《くん》の推薦狀《すゐせんじやう》を配布《はいふ》しよう。そしてこの人《ひと》の當選《たうせん》を期《き》したいものだ。と思《おも》つて自分《じぶん》で推薦狀《すゐせんじやう》を認《した》める。又《また》は印刷屋《いんさつや》に依賴《いらい》し推薦狀《すゐせんじやう》を作《つく》つて配布《はいふ》する。之《これ》は誰《だれ》がしても差支《さしつか》へない。がもしその推薦狀《すゐせんじやう》が、候補者《こうほしや》から出《だ》して呉《く》れと依賴《いらい》されたり、もしくはその候補者《こうほしや》の選擧委員《せんきよゐゐん》から、要《えう》したる印刷費《いんさつひ》や、郵税《いうぜい》を貰《もら》つたりしての結果《けつくわ》だと直《す》ぐに違反《ゐはん》の網《あみ》に引《ひつ》かゝるとこれだけではまことに簡單《かんたん》であるが、やゝこしいのかこの推薦狀《すゐせんじやう》で解釋《かいしやく》が隨分《ずゐぶん》六づかしい。

推薦狀とは何か、その解釋

然《しか》らば推薦状《すゐせんじやう》とは何《なに》か。其《そ》の筋《すぢ》の解釋《かいしやく》に依《よ》ると、

推薦状《すゐせんじやう》とは選擧人《せんきよにん》に對《たい》し特定人《とくていにん》を候補者《こうほしや》として推薦《すゐせん》する趣旨《しゆし》を記載《きさい》したる文書《ぶんしよ》にして書状《しよじやう》の形《けい》式《しき》を具備《ぐび》するものまたは選擧人《せんきよにん》に個々的《こゝてき》に到達《たうたつ》せしむべきことにより社會通念上書状《しやくわいつうねんじやうしよじやう》と同《どう》一効《かう》用《よう》を有《いう》するものと認《みと》めらるゝもの例《たと》へば某々《ぼう〳〵》を議員候補者《ぎゐんこうほしや》として推薦《すゐせん》する趣旨《しゆし》の新聞廣告《しんぶんくわうこく》の如《ごと》きものをいふ。

この決定解釋《けつていかいしやく》からなほいろんな疑問《ぎもん》が生《しやう》じて來《く》るのに對《たい》しては左《さ》の解釋《かいしやく》をしてゐる。

政黨本部《せいたうほんぶ》や支部《しぶ》がその黨《たう》の公認候補者《こうにんこうほしや》を新聞《しんぶん》に廣告《くわうこく》する行爲《かうゐ》も多《おほ》くの場合推薦状《ばあひすゐせんじやう》による選擧運《せんきよう》動《どう》と認《みと》めてよい。

一、政黨《せいたう》の支部《しぶ》が黨員《たうゐん》を集《あつ》めて候補者《こうほしや》を滿場《まんぢやう》一致《ち》推薦《すゐせん》することを決議《けつぎ》しその出席者全部《しゆつせきしやぜんぶ》に推薦《すゐせん》状《じやう》に連署《れんしよ》させて各有權者《かくいうけんしや》に發送《はつそう》することはその間《かん》に勸誘的行爲《くわんいうてきかうゐ》さえなければ差支《さしつか》へない。

一、第《だい》三者《しや》が某候補者《ぼうこうほしや》の爲《た》めに推薦状《すゐせんじやう》を出《だ》す爲《た》めに連署《れんしよ》してくれるやう勸誘《くわんいう》することは違反行《ゐはんかう》爲《ゐ》となる。

一、第《だい》三者《しや》が「某君《ぼうくん》はその人格識見《じんかくしきけん》ともに地方自治團體《ちはうじちだんたい》の代表者《だいへうしや》として最《もつと》も適任者《てきにんしや》と信《しん》ぜられるから同人《どうにん》が當選《たうせん》するやう御同情御後援《ごどうじやうごこうゑん》のほど切《せつ》に依賴《いらい》する」といふやうな文書《ぶんしよ》を選擧人《せんきよにん》に配布《はいふ》するは違反行爲《ゐはんかうゐ》にならない。

一、法定運動者《はふていうんどうしや》と第《だい》三者《しや》とが共同《きようどう》して推薦狀《すゐせんじやう》を出《だ》すとしても兩者《りやうしや》の間《あひだ》に勸誘行爲《くわんいうかうゐ》がなければ差支《さしつか》へない。

一、選擧人《せんきよにん》に發送《はつそう》する文書《ぶんしよ》の中《なか》に特定候補者《とくていこうほしや》を推薦《すゐせん》する旨《むね》とあはせてその候補者《こうほしや》のために投票《とうへう》を依賴《いらい》する旨《むね》を記載《きさい》してゐても即《すなは》ち推薦狀《すゐせんじやう》と見《み》て差支《さしつか》へなし。

一、政黨支部《せいたうしぶ》又《また》は郡部會《ぐんぶくわい》もしくは政黨以外《せいたういぐわい》の諸團體《しよだんたい》の名義《めいぎ》で推薦狀《すゐせんじやう》を出《だ》してもその推薦狀《すゐせんじやう》に他《た》人名義《にんめいぎ》を冒用《ぼうよう》するやうなことさへなければ差支《さしつか》へなし。

一、立候補屆《りつこうほとゞけ》以前《いぜん》候補者《こうほしや》自身《じしん》または第《だい》三者《しや》が推薦狀《すゐせんじやう》を印刷《いんさつ》させても違反行爲《ゐはんかうゐ》にはならない。

一、政黨《せいたう》の本部《ほんぶ》または支部《しぶ》が候補者《こうほしや》の公認廣告《こうにんくわうこく》を新聞《しんぶん》に出《だ》すことはその候補者《こうほしや》が立候補屆出前《りつこうほとゞけいでぜん》であれば違反行爲《ゐはんかうゐ》になるけれども屆出後《とゞけいでご》であれば推薦狀《すゐせんじやう》による選擧運動《せんきよううんどう》として差支《さしつか》へない。

い。

一、推薦狀《すゐせんじやう》に投票《とうへう》を依賴《いらい》する文句《もんく》を附《ふ》するは推薦狀《すゐせんじやう》たるを失《うしな》はないのみならず單《たん》に投票《とうへう》の依賴《いらい》のみを記載《きさい》しても常《つね》に推薦《すゐせん》の主旨《しゆし》を包含《はうがん》するものと解《かい》して推薦狀《すゐせんじやう》として差支《さしつか》へない。

注意を要する新聞記事

推薦の意味あるものは推薦狀と解釋せらる

昭和《せうわ》三年《ねん》三月《ぐわつ》十七日《にち》大審院《だいしんゐん》は新聞記事《しんぶんきじ》の推薦《すゐせん》の意《い》を含《ふく》むものに左《さ》の要旨《えうし》の言《い》ひ渡《わた》しをした。

推薦狀《すゐせんじやう》は書狀《しよじやう》新聞《しんぶん》の推薦廣告《すゐせんくわうこく》に止《とゞ》まらず新聞記事《しんぶんきじ》にても推薦《すゐせん》の意味《いみ》が書《か》かれて居《ゐ》て選擧人各個《せんきよにんかくこ》に承認《しようにん》せしむるものは推薦狀《すゐせんじやう》と認《みと》む。

で、書狀及《しよじやうおよ》び新聞《しんぶん》の推薦廣告《すゐせんくわうこく》を推薦狀《すゐせんじやう》と解釋《かいしやく》せる內務司法兩省《ないむしはふりやうしやう》の協議決定《けふぎけつてい》に比《ひ》すれば、この判決《はんけつ》は新聞記事《しんぶんきじ》迄《まで》その範圍《はんゐ》を廣《ひろ》めたものと見《み》る可《べ》きでこの點《てん》にも注意《ちうい》を要《えう》する。

◇威勢のいゝ方（選擧エピソード）（四）

いまゝでの選擧《せんきよ》だとあまり評判《ひやうばん》の良《よ》すぎた候補者《こうほしや》は落《お》ちて、多少悲觀《たせうひくわん》され氣味《きみ》のものが案外成績《あんぐわいせいせき》がよかつたが、普選《ふせん》の今日《こんにち》では悲觀《ひくわん》されてゐるようなものより威勢《ゐせい》のいゝ方《はう》に入《い》れてやれといつた様《やう》な調子《てうし》だ。

一〇、推薦狀の文例

推薦狀《すゐせんじやう》は候補者《こうほしや》の資格《しかく》、地位《ちゐ》、性質《せいしつ》に依《よ》り同《どう》一に律《りつ》する譯《わけ》に行《ゆ》かず、又推薦者《またすゐせんしや》の同様《どうやう》の立場《だちば》でも異《こと》なるが、玆《こゝ》には東京《とうきやう》その他各所《たかくしよ》でのを引例《いんれい》して見《み》る。

光瑞さんの推薦状

拜啓《はいけい》愈々《いよ〱》御《ご》清祥《せいしやう》奉賀候《がしたてまつりさふらふ》陳者《のぶれば》今次《こんじ》普選《ふせん》の第《だい》一歩《ぽ》として國家《こくか》憲政上《けんせいじやう》最《もつとも》意義《いぎ》ある衆議《しうぎ》院議《ゐんぎ》員選擧《ゐんせんきよ》に當《あた》り貴《き》選區《せんく》より立候補《りつこうほ》致候《いたしさふらふ》藤井《ふじゐ》玄瀛《げんえい》は人格識見共《じんかくしきけんとも》に國家《こくか》の選良《せんりやう》として最適任《さいてきにん》の士《し》に有之殊《これありこと》に多《た》年佛教《ねんぶつけう》に貢献《こうけん》し其穩健着實《そのをんけんちやくじつ》なる思想《しさう》は物質文明《ぶつしつぶんめい》の形骸《けいがい》に眩惑《げんわく》せる現下《げんか》の政界思想界《せいかいしさうかい》に對《たい》する好個《かうこ》の精神的清涼劑《せいしんてきせいりやうざい》として必《かなら》ずや各位《かくゐ》の御期待《ごきたい》に副《そ》ふことゝ確信仕候《かくしんつかまつりさふらふ》條《でう》何卒《なにとぞ》同人當選《どうにんたうせん》の爲《た》め貴下《きか》の熱烈《ねつれつ》なる御同情《ごどうじやう》と御援助《ごゑんじよ》相賜《あひたま》はり度切《たくせつ》に願上候《ねがひあげさふらふ》右以書中推薦旁《みぎしよちうをもつてすゐせんかたがた》御依頼迄如此《ごいらいまでかくのごとく》に御座候《ござさふらふ》　敬具《けいぐ》

昭和三年二月

大谷光瑞

京都市堀川通本願寺門前町

殿

徳川公の推薦狀

市《し》政改善《せいかいぜん》の最適任者《さいてきにんしゃ》愛市《あいし》正義《せいぎ》の士《し》

笠井重治君

を推薦申上ます

麹町區《かうぢまちく》有權者諸君《いうけんしゃしょくん》!!是非《ぜひ》共《とも》笠井《かさゐ》重治《ぢうぢ》君《くん》を當選《たうせん》せしむる様《やう》御同情《ごどうじやう》希上《ねがひあげ》ます

徳川家達　大隈信常
澁澤榮一　金子堅太郎
阪谷芳郎　石井菊次郎
鎌田榮吉　樺山愛輔
寺島誠一郎

責任者　麹町區平河町六ノ七　寺島誠一郎

吉岡彌生さん外婦人からの推薦狀

市《し》會議員《くわいぎゐん》候補者《こうほしや》岡田和《をかだわ》一郎氏《らうし》を推薦《せん》す。

市政淨化《しせいじやうくわ》を叫《さけ》び續《つゞ》けて來《き》ました私共《わたしども》は果《はた》して託《たく》するに何人《なんぴと》を以《もつ》てせば能《よ》く其目的《そのもくてき》を達《たつ》せらるべきかに就《つい》て嚴《げん》として其目標《そのもくへう》を定《さだ》めます。

曰《いは》く其《そ》の人格《じんかく》に察《さつ》せよ利《り》に惑《まと》はず權《けん》に屈《くつ》せず、

曰《いは》く其《そ》の閲歴《えつれき》に察《さつ》せよ。公《おほやけ》に殉《じゆん》し私《わたくし》に僞《いつは》りなく、

曰《いは》く其職業《そのしよくげふ》に察《さつ》せよ。一定《てい》の業務《げふむ》を有し且《か》つ之《これ》に精通《せいつう》し、

曰《いは》く其識見《そのしきけん》に察《さつ》せよ。活眼《くわつがん》能《よ》く活書《くわつしよ》を讀《よ》む人《ひと》。

此人《このひと》にして始《はじ》めて帝都《ていと》二百万市民《しみん》の代表《だいへう》として、能《よ》く帝都《ていと》の爲《た》めを圖《はか》り、能《よ》く市民《しみん》の爲《た》めに圖《はか》るものと信《しん》ずるのであります。

今《いま》や激甚《げきじん》なる競爭場裡《きやうさうぢやうり》に、身《み》を挺《てい》して立候補《りつこうほ》を宣《せん》したる岡田和《をかだわ》一郎博士《らうはかせ》は、即《すなは》ち私共《わたしども》の

目標《もくへう》に合致《がつち》し、市政浄化《しせいじやうくわ》の大任《たいにん》を託《たく》して以《もつ》て可《か》なりと信《しん》じ躊躇《ちうちよ》なく推薦《すゐせん》する次第《しだい》であります。

冀《こひね》くば此機《このき》に際《さい》し、同氏《どうし》の成功《せいこう》せらるゝやう是非《ぜひ》〳〵絶大《ぜつだい》の御《ご》聲援《せいゑん》と御《ご》共鳴《きようめい》とを賜《たま》はらんことを、茲《こゝ》に敢《あへ》て皆《みな》さまに懇願致《こんぐわんいた》します。

昭和四年三月　日

堀越千代
大妻コタカ
大江スミ
嘉悦孝
吉岡彌生

正しき一票、市政の刷新

愈明日!! 市政淨化の爲め

淸き投票は左記の人々へ

以下候補者氏名連記

帝都維新同盟

市政淨化聯盟

第二區有權者

諸君に申上ます

當區から立候補して居らるゝ

武藤山治氏

に他《た》の候補者《こうほしや》諸君《しよくん》は一齊《せい》に攻撃《こうげき》の矢《や》を向《む》けらるゝと聞《き》きますが、政黨政派《せいたうせいは》を別《べつ》としても同氏《どうし》の如《ごと》き眞面目《まじめ》な熱心《ねつしん》な人格者《じんかくしや》を議會《ぎくわい》に送《おく》るは最《もつと》も必要《ひつえう》な事《こと》と考《かんが》へます。一票《ぺう》の差《さ》でも落選《らくせん》いたします。皆様《みなさま》の正《たゞ》しき御《ご》一票《ぺう》は必《かなら》ず同氏《どうし》に御《ご》投票《とうへう》せらるゝ様《やう》私《わたし》は衷心《ちうしん》より御願《おねが》ひいたします。

坂井重五郎

住所△△△△△△

（大阪朝日新聞掲載）

別府市會議員改選て某君の配布した推薦狀

此の男を是非

候補者中第一の……貧乏人
候補者中第一の……硬骨兒
候補者中第一の……正義者

中央に氏の半身寫眞

候補者中第一の邁進者
候補者中第一の愛市者
候補者中第一の雄辯家

御後援下さい

清き一票は是非

正義高唱の第一人者當代稀に見る快男子△△立候補するに當り吾人は彼が常に大別府の建設に泉都改造の急先鋒として富貴に淫せず飽迄正義に向つて邁進する貧民階級の權威者なる事は自他共に之を認むる所彼を別府市會議員として選出せしめ所謂權謀術數の議員に覺醒を與へ警鐘を亂打せしむる唯一の闘士なりと確信す彼の雄辯亦市會の一異彩たるを失はず茲に△△君の爲後援會を組織す幸に御共鳴あらん事を後援會一同

□□□君の爲に

謹啓《きんけい》　嚴寒《げんかん》の候貴《こうき》臺《だい》愈々《いよ〱》御《ご》清榮之《せいえいの》段慶賀《だんけいが》の至《いた》りに存《ぞん》じます偖光輝《さてくわうき》ある普通選擧《ふつうせんきよ》は愈々《いよ〱》來《きた》る二月《ぐわつ》二十日《か》を以《もつ》て實施《じつし》せられますに就《つい》て吾等同志《われらどうし》は吾等《われら》の代表者《だいへうしや》として

立憲民政黨
公認候補者　勝　正　憲　氏

を推薦《すゐせん》することに致《いた》しました同氏《どうし》は既《すで》に御承知《ごしようち》の如《ごと》く本郡香春町出身《ほんぐんかはるちやうしゆつしん》で本年《ほんねん》五十歳《さい》であります

明治《めいぢ》三十八年東京帝國大學法科卒業《ねんとうきやうていこくだいがくはふくわそつげふ》同《どう》三十九年大藏省《ねんおほくらしやう》に入《い》り稅務事務官《ぜいむじむくわん》を拜命《はいめい》　松江《まつえ》　麗島《にま》　長野等《ながのとう》の稅務監督局長《ぜいむかんとくきよくちやう》に歷任大正《れきにんたいしやう》三年函館稅關長《ねんはこだてぜいくわんちやう》次いで仙臺稅務監督局長《せんだいぜいむかんとくきよくちやう》を經《へ》て大正《たいしやう》六年大藏省書記官兼參事官《ねんおほくらしやうしよきくわんけんさんじくわん》として有名《いうめい》なる所得稅法《しよとくぜいはふ》の根本的改正《こんぽんてきかいせい》に與《あづか》り大正《たいしやう》九年東京稅務監督局長《ねんとうきやうぜいむかんとくきよくちやう》となり主《しゆ》として稅制整理《ぜいせいせいり》の衝《しよう》に當《あた》り大正《たいしやう》十二年駐米財務官《ねんちうべいざいむくわん》（勅任《ちよくにん》官《くわん》一等《とう》）としてニユヨークに在《あ》り折《をり》から關東大震災《くわんとうだいしんさい》に際《さい》し復興公債成立《ふくこうこうさいせいりつ》に與《あづか》り歸《き》朝後《てうご》再《ふたゝ》び東京稅務監督局長《とうきやうぜいむかんとくきよくちやう》に任《にん》じ大正《たいしやう》十五年官《ねんくわん》を辭《じ》して東京市高級助役就任《とうきやうしかうきふじよやくしうにん》非《ひ》凡《ぼん》の功績《こうせき》を

擧《あ》げ舊職《きうしよく》十二月辭職《ぐわつじしよく》せられた人《ひと》

右《みぎ》の如《ごと》く勝正憲氏《かつしやうけんし》は閱歷識見《えつれきしきけん》に於《おい》て財《ざい》、行政的手腕《ぎやうせいてきしゆわん》に於《おい》て本縣出身者中有數《ほんけんしゆつしんしやちういうすう》の士《し》たることは申《まを》す迄《まで》もなく將來多大《しやうらいただい》の囑目《しよくもく》を拂《はら》はれてゐる卓拔《たくばつ》の士《し》であります。

殊《こと》に至孝誠直後進《しかうせいちよくこうしん》に對《たい》する誘掖指導《いうえきしだう》の情《じやう》ゝ懇篤《こんとく》なるは世人《せじん》の等《ひと》しく欣慕歎賞《きんぼたんしやう》する所《ところ》で今《こん》次《じ》の普選劈頭《ふせんへきとう》の候補者《こうほしや》として最適任者《さいてきにんしや》たることは信《しん》じて疑《うたが》はぬ所《ところ》であります殊《こと》に又《また》わが鄕土《きやうど》が生《う》んだ人傑《じんけつ》たることも吾等《われら》が推薦《すゐせん》して聊《いさゝ》か誇《ほこ》りとする所《ところ》であります。

幸《さいは》ひに貴下《きか》の御淸鑑《ごせいかん》を仰《あふ》ぎ貴下《きか》の有《いう》せらるゝ尊《たふと》き淸《きよ》き御《ご》一票《ぺう》を何卒勝正憲氏《なんとぞかつしやうけんし》に御投票下《ごとうへうくだ》さいまして名譽《めいよ》ある當選《たうせん》の榮《えい》に浴《よく》せしめられ度《たく》茲《こゝ》に推薦申《すゐせんまを》し上《あげ》る次第《しだい》であります。

東京市會議員候補者
辯護士麴町區會議員　池田清秋君は

民政《みんせい》同志《どうし》會《くわい》公援《こうゑん》にして麴町區《かうぢまちく》に於《お》ける唯《ゆゐ》一の候補者《こうほしや》であります。

同君《どうくん》は我《わ》が黨《たう》の爲《た》め盡悴《じんすゐ》せらるゝ事殆《ことほと》んど二十年《ねん》眞摯《しんし》熱誠《ねつせい》稀《まれ》に見《み》る淸節《せいせつ》の士《し》で其政治上《そのせいちじやう》の旗幟《きし》は誠《まこと》に鮮明《せんめい》であります。

願《ねが》はくは同君《どうくん》をして其理想《そのりさう》と抱負《はうふ》とを我東京市政《わがとうきやうしせい》の上《うへ》に實現《じつげん》せしむる樣御《やうご》盡力《じんりよく》あらん事《こと》を切望《せつばう》致《いた》します。

昭和四年三月　日

代議士　小泉又次郎
代議士　横山勝太郎
代議士　頼母木桂吉
（外十數代議士連名）

市民は誰に

投票すべきか

今日は市會議員選擧の日
市民禍福の岐るゝ日

我々《われわれ》は有力《いうりよく》なる都下《とか》新聞《しんぶん》の記事《きじ》、並《なら》びに財團法人東京市政調査會《さいだんはふじんとうきやうしせいてうさくわい》、その他《た》信頼《しんらい》すべき各方《かくはう》面《めん》の取調材料《とりしらべざいれう》を照査《せうさ》考量《かうりやう》して全立候補者中《ぜんりつこうほしやちう》から比較的良好《ひかくてきりやうかう》であらうと見《み》られる候補者《こうほしや》を左《さ》の通《とほ》り抜《ぬ》き出《だ》し有權者諸君《いうけんしやしよくん》に推擧《すゐきよ》したいと思《おも》ふ。

勿論左《もちろんさ》の候補者中《こうほしやちう》にも我々《われわれ》の見誤《みあやま》りがないとは言《い》へないし、又左記以外《またさきいぐわい》の候補者中《こうほしやちう》にも優秀《いうしう》な人物《じんぶつ》が無《な》いとは斷言《だんげん》し得《え》ないが、要《えう》するに「先《ま》づこの程度《ていど》の人々《ひとびと》ならば」といふところに選擧上《せんきよじやう》の見當《けんたう》を置《お》いたのである。定員《ていゐん》に足《た》らざるは遺憾《ゐかん》に思《おも》ふ。

愛市同盟

責任者　本郷區元町二ノ四六　菅原忠次郎

以下　銓衡候補者名連記

青年會の推薦狀

推薦の「ことば」!!

和《なご》やかな早春《さうしゆん》の裡《うち》に、展開《てんかい》されてゐる市會議員《しくわいぎゐん》の改選《かいせん》に際《さい》しまして、私共《わたしども》は本會《ほんくわい》の名譽《めいよ》顧問《こもん》

△△△△氏を

心《こゝろ》から推薦致《すゐせんいた》す事《こと》になりました。

氏《し》は前市會議員《ぜんしくわいぎゐん》として、市參事會員《しさんじくわいゐん》として

——自己《じこ》を忘《わす》れて一意《い》市政《しせい》の爲《た》めに——

強《つよ》き熱《ねつ》のほとばしりは、よく過去《くわこ》四年《ねん》を貫《つらぬ》かれて參《まゐ》られました。

私共《わたしども》は、再《ふたゝ》び、氏《し》を公僕《こうぼく》として推奬致《すゐしやういた》したく、皆様《みなさま》の御《お》力《ちから》を頼《たよ》りとして推薦致《すゐせんいた》す次第《しだい》であります。

春《はる》の野草《のぐさ》も一本《ぽん》の伸《の》び、繁《しげ》りも
太陽《たいよう》の、惠《めぐ》みに包《つゝ》まれなければ出來難《できがた》い樣《やう》に、光榮《くわうえい》ある當選《たうせん》は、只管《ひたすら》に
尊《たふと》き御《ご》一票《ぺう》の、惠《めぐ》みを受《う》けなければ出來難《できがた》い事《こと》です。
先《ま》ず貴下《きか》の　一票《ぺう》の御同情《ごどうじやう》！
それこそ、私共《わたしども》の念願《ねんぐわん》してやまない、生命《せいめい》であります。何卒《なにとぞ》！輝《かゞや》かしい榮光裡《えいくわうり》に
△△△氏《し》が進《すゝ》み得《え》られます樣《やう》、重《かさ》ねて懇願致《こんぐわんいた》すものであります。

昭和四年三月　日

萬屋町青年會

市會議員は人物本位

一、學識經驗《がくしきけいけん》の優《すぐ》れた人《ひと》よりも
人間《にんげん》の確《たしか》な正直《しやうぢき》な人《ひと》

二、英雄的人物《えいゆうてきじんぶつ》よりも
事務家的人物《じむかてきじんぶつ》

三、百の議論家《ぎろんか》よりも
一の實行家《じつかうか》

四、政黨的偏頗《せいたうてきへんぱ》な人《ひと》よりも
これを超越《てうえつ》して居《ゐ》る人《ひと》

五、前市議《ぜんしぎ》の正《たゞ》しい人《ひと》よりも
新顔《しんがほ》の正《たゞ》しい人《ひと》

推薦狀

拜啓《はいけい》　今回東京市會《こんくわいとうきやうしくわい》の改選《かいせん》に際《さい》し本會《ほんくわい》は大東京建設《だいとうきやうけんせつ》の爲《た》め正直《しやうぢき》にして實行力《じつかうりよく》ある候補者《こうほしや》を物色中《ぶつしよくちう》の處《ところ》貴區《きく》候補者《こうほしや》佐藤忠吾氏《さとうちうごし》は平素《へいそ》の言行《げんかう》に徴《ちやう》して最《もつと》も適任《てきにん》の方《かた》と認《みと》められます

ので敢《あへ》て御《ご》推薦《すゐせん》致《いた》す次第《しだい》で御座《ござ》います就《つ》ては私共《わたしども》婦人《ふじん》は第《だい》三者《しや》として愛市心《あいししん》に富《と》める皆様《みなさま》に御訴《おうた》へ申上《まをしあ》げ同氏《どうし》の首尾《しゆび》よく當選《たうせん》せらるゝやう御《ご》援助《えんじよ》の程切《ほどせつ》に御願《ねが》ひ申上《まをしあ》げます。

昭和四年三月　日

婦人市政研究會
芝區芝公園協調會館内
電話芝一一三一—一一三六

一一、言論戰

民衆《みんしう》が立候補《りつこうほ》の趣旨《しゆし》を音聲《おんせい》で聞《き》くことを非常《ひじやう》に喜《よろこ》ぶ様《やう》になつた今日《こんにち》では選擧戰《せんきよせん》の強《つよ》みは言論戰《げんろんせん》である。だからこれからの候補者《こうほしや》は少《すくな》くとも大衆《たいしう》を前《まへ》にしてまづ十分《ぶん》でもよろしい。行《ゆ》きつまらぬだけの演説《えんぜつ》の稽古《けいこ》をして置《お》く必要《ひつえう》がある。もつとも辯達者《べんたつしや》なもの必《かなら》ずしも良《よ》き候補者《こうほしや》、良《よ》き議員《ぎゐん》たりと限《かぎ》らぬが、兎《と》に角《かく》選擧戰《せんきよせん》では候補者《こうほしや》自身《じしん》、言論《げんろん》をなし得《う》る事《こと》が得票《とくへう》に可成《かな》りの違《ちが》ひのある事《こと》は爭《あらそ》はれぬ事實《じじつ》である。

もてる女辯士

第《だい》一次《じ》普選總選擧《ふせんそうせんきよ》では女辯士《をんなべんし》が可成《かな》りに活躍《くわつやく》した。中《なか》には一寸《ちよつと》も演説《えんぜつ》をやれぬのもあつたが、女辯士《をんなべんし》出演《しゆつえん》の貼《は》りビラには可成《かな》り町《まち》の女《をんな》、村《むら》の青年《せいねん》の好奇心《かうきしん》をひいて、いつも女辯士《をんなべんし》の出演《しゆつえん》する會場《くわいぢやう》は聽衆場《ちやうしうぢやう》に溢《あふ》るゝ程度《ていど》迄《まで》集《あつ》めた。演説會《えんぜつくわい》の目的《もくてき》はまづ第《だい》一に聽衆《ちやうしう》を集《あつ》める事《こと》である。

この意味《いみ》から、知名《ちめい》の政治家《せいぢか》、文藝家《ぶんげいか》、藝術家《げいじゆつか》を演壇《えんだん》に立《た》たした候補者《こうほしや》が可成《かな》りにあつた。然《しか》し市町村議戰《しちやうそんぎせん》ではこれ等《ら》の人々《ひとびと》は容易《ようい》に得《え》られぬ。然《しか》し女辯士《ぢよべんし》であれば比較的《ひかくてき》附近《ふきん》に無《な》いでもない。

應援辯士

聽衆《ちやうしう》は集《あつ》めた。が演說會《えんぜつくわい》の內容《ないよう》は空々漠々《くう〴〵ばく〴〵》、一人《り》立《た》ち二人《り》立《た》つ演說會《えんぜつくわい》では、候補者《こうほしや》の聲望《せいばう》を傷《きずつ》くる事《こと》夥《おびたゞ》しく、折角費用《せつかくひよう》を投《とう》じて却《かへつ》つて惡聲《あくせい》を買《か》ふに過《す》ぎずむしろ恐《おそ》る可《べ》き事《こと》であるだから應援《おうゑん》辯士《べんし》には相當《さうたう》な注意《ちうい》を拂《はら》ふ必要《ひつえう》がある。

押しかけ辯士

選擧時期《せんきよじき》になると、演說《えんぜつ》を商賣《しやうばい》にして歩《ある》くがあり又《また》、演說好《えんぜつず》きで、ぜひ自分《じぶん》に應援《おうゑん》さして吳《く》れとやつて來《く》るのもある。

がこれ等《ら》の中《なか》には、人《にん》を見《み》て法《はふ》を說《と》かず、場所《ばしよ》を見《み》て道《みち》を說《と》かぬ人《ひと》もあつて、三井《ゐ》のある鑛山地《くわうさんち》帶《たい》に行《い》つて、三井《ゐ》の總棚下《そうだなおろ》しをやつて却《かへつ》て有權者《いうけんしや》の反感《はんかん》を買《か》つたり、濟南出征《さいなんしゆつせい》の軍人《ぐんじん》の故鄕《こきやう》に行《い》つて出兵《しゆつぺい》を無茶苦茶《むちやくちや》にこき下《おろ》して猛烈《まうれつ》な彌次《やじ》に聽衆《ちやうしう》の大拍手喝采《だいはくしゆかつさい》を買《か》つたなどの失敗談《しつぱいだん》もある。

候補者《こうほしや》、選擧委員《せんきよゐゐん》などよく心得《こゝろえ》て置《お》かねばならね事《こと》である。

候補者は何を語るべきか

舌《した》に覺《おぼ》えのある候補者《こうほしや》ならば問《と》はず、演壇馴《えんだんな》れのしない候補者《こうほしや》は、こゝに一つの題目《だいもく》を定《さだ》めてその一事《じ》にのみついて語《かた》ることに馴《な》れる方《はう》が却《かへつ》て緊張《きんちやう》したる會場《くわいぢやう》の空氣《くうき》を亂《みだ》さず、比較的成功《ひかくてきせいこう》する候補者《こうほしや》を知《し》れる聽衆《ちやうしう》に對《たい》しても、そこに意外《いぐわい》の感《かん》を與《あた》へ興味《きようみ》を感《かん》ぜしめ同情《どうじやう》を得《う》る。然《しか》して一事《じ》にのみついて語《かた》る事《こと》がやがてその人《ひと》をして辯《べん》に習熟《しふじゆく》せしめ、達者《たつしや》たらしめる。この頃選擧《ころせんきよ》を終《をは》つた各地方《かくちはう》で咄辯《とつべん》だと思《おも》はれてゐた人《ひと》が、實《じつ》に雄辯家《ゆうべんか》に早變《はやがは》りした實例《じつれい》は珍《めづ》らしくない。

演説會場

狭《せま》い地域《ちゐき》に候補者《こうほしや》の林立《りんりつ》する、市町村會《しちやうそんくわい》などでは、應援辯士《おうゑんべんし》に餘程《よほど》知名《ちめい》の人《ひと》を得《え》ぬ限《かぎ》り、殊《こと》に一夜《や》に各候補《かくこうほ》の演説會《えんぜつくわい》が相接《あひせつ》して行《おこな》はれる様《やう》になると聽衆《ちやうしう》は勢《いきほ》ひ分散《ぶんさん》されるので、會場《くわいぢやう》にも順《じゆん》を追《お》ふて相當《さうたう》の注意《ちうい》が必要《ひつえう》である。

廣《ひろ》い會場《くわいぢやう》に僅《わづか》の聽衆《ちやうしう》で氣勢《きせい》を殺《そ》ぐよりも狹《せま》い會場《くわいぢやう》にぎつしり詰《つ》めた方《はう》が、多大《たたい》の効果《かうくわ》を上《あ》げ得《う》る事論《ことろん》を俟《ま》つ迄《まで》もない事《こと》である。

皮肉な戰法

これについて皮肉《ひにく》な戰法《せんぱふ》、言論《げんろん》の陣《ちん》を張《は》つた候補者《こうほしや》が某縣《ぼうけん》のある町《まち》にあつた。

演説會場《えんぜつくわいぢやう》を一町内《ちやうない》一箇所《かしよ》宛《づゝ》に設《まう》けて、つぎ〳〵に論陣《ろんぢん》を張《は》つて行《い》つた。

一會場《くわいぢやう》に聽衆《ちやうしう》十乃至《ないし》十五。隨分《ずゐぶん》やるなと外《ほか》の候補者《こうほしや》をあつと云《い》はした。

この候補者《こうほしや》は勿論《もちろん》當選《たうせん》した。がこの戰法《せんぱふ》は次《つぎ》に述《の》ぶる演説會《えんぜつくわい》の費用《ひよう》に於《おい》て、はるかに他《た》の候補《こうほ》より多額《たかく》を費《つひや》した事《こと》勿論《もちろん》である。

もつともこんな戰法《せんぱふ》は町村《ちやうそん》での選擧《せんきよ》で初《はじ》めて出來《でき》る、

小學校も使用出來る

尚《なほ》市町村議員選擧《しちやうそんぎゐんせんきよ》にも小學校《せうがくかう》の使用《しよう》が出來《でき》る事《こと》になつてゐる（附錄屆書式參照）

演説會の費用

演説會《えんぜつくわい》には一回《くわい》どの位《くらゐ》費用《ひよう》が要《い》るか。
これをまづ調査《てうさ》して見《み》る必要《ひつえう》がある。
筆者《ひつしや》の概算《がいさん》に依《よ》ると

一、會場費、これは場所に依て違ふし町村によつて相場も違ふので費額の計算はさける

一、宣傳費　三・七五

　内譯　宣傳ビラ一千枚印刷費　一・五〇

　　　　配布料　一・五〇

これは半數を新聞折込を以てし半數を配布せしめる

はりビラ　・七五

一、辯士費　一〇・〇〇

辯士費は一日四回位の開催と見て一回を十圓と見積つた。食費、宿泊料は勿論含まつてゐる。

但《たゞ》し第《だい》三者《しや》の推薦演說《すゐせんえんぜつ》である場合《ばあひ》この辯士費《べんしひ》は極《きは》めて小額《せうがく》しか要《えう》さない。

立たんがエヽじやないか　（選擧エピソード）（五）

某町《ぼうちやう》の演說會《えんぜつくわい》で一候補《こうほ》「不肖《ふせう》の身《み》を顧《かへり》みず立候補《りつこうほ》いたしましたので、ひたすら皆《みな》さま方《がた》の御《ご》同情《どうじやう》にすがる外《ほか》はないのでございます」とやると彌次《やじ》あり「そんなに貧弱《ひんじやく》な候補者《こうほしや》は立《た》たんがえゝじやないか」

笑へない話 （選擧エピソード）（六）

「諸君《しよくん》、わが輩《はい》が首尾《しゆび》よく當選《たうせん》したら、毎週金曜日《まいしうきんえうび》には動物園《どうぶつゑん》で狩獵《しゆれふ》の出來《でき》る樣《やう》にして上《あ》げます。それから又《また》、貧乏《びんぼう》といふものを絶滅《ぜつめつ》します。諸君《しよくん》の交通《かうつう》を安易《あんい》にするためにサン・ミツセルの大通《おほどほ》りに自動式歩道《じどうしきほだう》を作《つく》つてあげます。それからまた大《だい》運河《うんが》を開鑿《かいさく》してソルボンの河岸《かし》へ大西洋航路船《だいせいやうかうろせん》が横付《よこづ》けになるようにいたします。まだ〳〵、それだけではありませんなんにも知《し》らぬくせに朝《あさ》から晩《ばん》までお客《きやく》に對《たい》して天氣《てんき》の話《はなし》をする理髪師諸君《りはつししよくん》のために氣象觀測所《きしやうくわんそくじよ》を設立《せつりつ》してあげます。それから……

……」と一段《だん》と聲《こゑ》を張《は》り上《あ》げて「わが輩《はい》は、あらゆる人々《ひと〴〵》に不老不死《ふらうふし》、永遠《えいゑん》の青春《せいしゆん》を約束《やくそく》します……」

この春《はる》のフランスの總選擧《そうせんきよ》にパリの學生區《がくせいく》にして細民區《さいみんく》であるラチン・クオーターから立候補《りつこうほ》した造園師《ざうゑんし》デュコンノーといふ男《をとこ》は、ネクタイがはりに頸《くび》に巻《ま》きつけた眞赤《まつか》なハンケチを鈴懸《すゞかけ》の樹《き》に渡《わた》る微風《びふう》に搖《ゆる》がしながら街頭《がいとう》で大聲疾呼《たいせいしつこ》した。が、彼《かれ》の得票《とくへう》は二百票《べう》足《た》らずだつた。

地方的利害問題《ちはうてきりがいもんだい》で有權者《いうけんしや》を誘惑《いうわく》することは、日本《にほん》では禁《きん》ぜられてゐるが「手《て》」はいくらでもある。相當名《さうたうな》の知《し》れた代議士《だいぎし》はきまつて「わしを出《だ》したら米《こめ》の値《ね》が上《あが》るぞ！」と怒鳴《どな》る。或《あ》る若《わか》い某代議士《ぼうだいぎし》は渡歐《とおう》の途中各寄港地《とちうかくきかうち》からN・Y・K・の繪《ゑ》ハガキを選《せん》擧區《きよく》の有權者《いうけんしや》に出《だ》して事務長《じむちやう》から、抗議《かうぎ》を申込《まをしこ》まれたといふ。この話《はなし》にモーラルはない。（大阪毎日新聞ＸＹＺ）

二二、主張すべき主義政策

苟《いやし》くも候補《こうほ》として立《た》つ以上《いじやう》には議員《ぎゐん》となつた曉《あかつき》、主張《しゆちやう》すべき主義《しゆぎ》政策《せいさく》がなければならぬ。公會堂《こうくわいだう》の無《な》い町《まち》に公會堂《こうくわいだう》の實現《じつげん》を計《はか》るが急務《きふむ》である事《こと》を主張《しゆちやう》するのも一つである。町村立病院《ちやうそんりつびやうゐん》の新設《しんせつ》、小學校《せうがくかう》の改善《かいぜん》、道路《だうろ》の修理《しうり》、救貧施設等々《きうひんしせつとう〳〵》舉《あ》げ來《きた》れば、何《いづ》れの市《し》、何《いづ》れの町《ちやう》村《そん》、改革《かいかく》の急務《きふむ》に迫《せま》れるもの必《かなら》ず多《おほ》い、之等《これら》の内《うち》を把《と》り來《きた》つてそこに候補者《こうほしや》自身獨自《じしんどくじ》の見解《けんかい》を加《くは》へ其土地《そのとち》々々《〳〵》に適合《てきがふ》せしめ輿論《よろん》を形《かたち》づくらしめ、己《おの》が主義主張《しゆぎしゆちやう》に歸《き》一せしめて得票《とくへう》の一助《じよ》とする。

但《たゞ》し餘《あま》り具體的《ぐたいてき》に述《の》べると早速《さつそく》地方《ちはう》の利害《りがい》に關《くわん》する違反《ゐはん》に引《ひ》きかゝるおそれがある。

〔參照《さんせう》〕當選《たうせん》を得《え》若《も》しくは得《え》しめ又《また》は得《え》しめざる目的《もくてき》を以《もつ》て選擧人《せんきよにん》又《また》は選擧運動者《せんきよううんどうしや》に對《たい》し其《そ》の者《もの》又《また》は其者《そのもの》の關係《くわんけい》ある社寺《しやじ》、學校《がくかう》、會社《くわいしや》、組合《くみあひ》、市町村等《しちやうそんとう》に對《たい》する用水《ようすゐ》、小作《こさく》、債權《さいけん》、寄附《きふ》其《その》他特殊《たとくしゆ》の直接《ちよくせつ》利害關係《りがいくわんけい》を利用《りよう》して誘導《いうだう》をなしたる時《とき》（衆議院選擧法第十二條の二の罰則章）

これは間違《まちが》ひが少《すこ》し大《おほ》きいが參考迄《さんかうまで》に去年《きよねん》の第《だい》一回選擧《くわいせんきよ》に各政黨《かくせいたう》が掲《かゝ》げた、政策《せいさく》を掲《かゝ》げて見《み》る。

政友會

一、地租委譲《ちそゐじやう》
二、自作農《じさくのう》の維持《ゐぢ》創設《さうせつ》
三、民友造林促進《みんいうざうりんそくしん》。漁村振興《ぎよそんしんこう》。産業統計改善《さんげふとうけいかいぜん》。重要工業助成《ぢうえうこうげふじよせい》、肥料改善《ひれうかいぜん》。蠶絲《さんし》市價《しか》維持《ゐぢ》
四、鐵道《てつだう》の普及《ふきう》、電信《でんしん》の改良《かいりやう》、航空事業《かうくうじげふ》の補助《ほじよ》
五、治水港灣道路《ちすゐかうわんだうろ》の修築《しうちく》
六、拓殖省《たくしよくしやう》の設置《せつち》、移殖民《いしよくみん》の保護奨勵《ほごしやうれい》
七、減債基金《げんさいききん》の特別會計負擔《とくべつくわいけいふたん》

民政黨

一、義務《ぎむ》教育費《けういくひ》の國庫《こくこ》全額負擔《ぜんがくふたん》

二、國際貸借《こくさいたいしやく》の改善《かいぜん》
三、金解禁《きんかいきん》の實現《じつげん》
四、電力統制《でんりよくとうせい》其他《そのた》公共事業《こうきようじげふ》の統制《とうせい》
五、米價《べいか》並《ならび》に繭價《けんか》の調節《てうせつ》、農村漁村經濟改善《のうそんぎよそんけいざいかいぜん》に關《くわん》する諸施設《しよしせつ》
六、自作農《じさくのう》の維持《ゐぢ》創設《さうせつ》
七、小作問題《こさくもんだい》の解決《かいけつ》
八、日本銀行《にほんぎんかう》、特殊銀行《とくしゆぎんかう》其他《そのた》金融機關《きんゆうきくわん》の整理《せいり》改善《かいぜん》
九、中商工業者《ちうしやうこうげふしや》のための金融機關《きんゆうきくわん》の設置《せつち》

革新黨

一、地租委讓《ちそゐじやう》
二、義務教育費全額國庫負擔《ぎむけういくひぜんがくこくこふたん》

三、中央財界《ちうあうざいかい》の整理《せいり》緊縮《きんしゆく》

四、累進的課税《るゐしんてきくわぜい》の法律《はふりつ》に依《よ》る直接税《ちよくせつぜい》の增收《ぞうしう》、間接税《かんせつぜい》の負擔輕減《ふたんけいげん》、生活必需品《せいくわつひつじゆひん》の課税全廢《くわぜいぜんぱい》

五、小作法《こさくはふ》の制定《せいてい》、耕作權《かうさくけん》の確定《かくてい》

實業同志會

一、行政財政《ぎやうせいざいせい》の整理《せいり》

二、税制《ぜいせい》の根本的整理《こんぽんてきせいり》

三、會計檢査院《くわいけいけんさゐん》の權限擴張《けんげんくわくちやう》

四、鐵道會計《てつだうくわいけい》の獨立會計廢止《どくりつくわいけいはいし》

五、剩餘金《じやうよきん》の全額《ぜんがく》の減債基金充當《げんさいききんじうたう》

六、保護關税《ほごくわんぜい》の廢止《はいし》

七、農村《のうそん》の工業化《こうげふくわ》

八、官業《くわんげふ》の廢止《はいし》

民衆黨

一、財産稅《さいさんぜい》、土地增價稅《とちぞうかぜい》、不勞利得稅《ふらうりとくぜい》の設定《せってい》、砂糖消費稅《さたうせうひぜい》生活必需品關稅《せいくわつひつじゆひんくわんぜい》の廢止《はいし》其他《そのた》
二、資本家擁護《しほんかようご》の補助金廢止《ほじよきんはいし》
三、預金部資金《よきんぶしきん》の勤勞階級運用《きんらうかいきふうんよう》
四、地方稅《ちはうぜい》の整理《せいり》
五、公共事業《こうきようじげふ》の公營《こうえい》、中央銀行《ちうあうぎんかう》の國營庶民銀行《こくえいしよみんぎんかう》の新設中央卸賣市場《しんせつちうあうおろしうりしぢやう》の公營《こうえい》
六、住宅地公有《ちうたくちこういう》、官公有地《くわんこういうち》の拂下廢止《はらひさげはいし》
七、勞働立法《らうどうりつぱふ》の完成《くわんせい》
八、農業政策《のうげふせいさく》の確立《かくりつ》に關《くわん》する徹底的方策《てつていてきはうさく》
九、肥料《ひれう》、農具《のうぐ》の國營《こくえい》、農業保險《のうげふほけん》の設立《せつりつ》、最高小作料《さいかうこさくれう》の設定《せってい》、耕作者階級《かうさくしやかいきふ》の金融充實《きんゆうじうじつ》其他《そのた》

一〇、居住權《きよぢうけん》の確定《かくてい》

一一、失業《しつげふ》の徹底的對策《てつていてきたいさく》に關《くわん》する諸施設《しよしせつ》

この外《ほか》、勞働黨《らうどうたう》、日勞黨《にちらうたう》、日農黨《にちのうたう》當時《たうじ》現在《げんざい》した各黨派《かくたうは》何《いづ》れも政策《せいさく》を發表《はつぺう》してゐたが、まづ代表的《だいへうてき》なものとして以上《いじやう》を抽出《ちうしゆつ》する。

これ等《ら》の一題目《だいもく》を捉《とら》へ來《きた》れば、どの項《かう》かに諸君《しよくん》の抱持《はうぢ》する主義主張《しゆぎしゆちやう》は適合《てきがふ》するであらう。形《かたち》に於《おい》て大小《だいせう》の差《さ》こそあれである。

どの程度の論議差支へなきか

言論《げんろん》で地方《ちはう》の利害關係《りがいくわんけい》を說《と》くことは法《はふ》の嚴《げん》に禁《きん》ずる所《ところ》であるが、さりとて全然之《ぜんぜんこれ》を論議《ろんぎ》し得《え》ぬと云《い》ふでもない。昭和《せうわ》三年《ねん》二月《ぐわつ》十三日《にち》大阪朝日《おほさかあさひ》新聞《しんぶん》の報《はう》ずる所《ところ》では其筋《そのすぢ》の發表《はつぺう》として地方《ちはう》の利害關係《りがいくわんけい》を具體的《ぐたいてき》に論《ろん》ずる事《こと》は、特殊《とくしゆ》の利害關係《りがいくわんけい》を利用《りよう》する事《こと》になるのであるから、その利害關係《りがいくわんけい》にして選擧人《せんきよにん》又《また》は選擧人《せんきよにん》の屬《ぞく》する團體《だんたい》に直接《ちよくせつ》なる限《かぎ》り之《これ》を論議《ろんぎ》してはならぬのである。例《たと》へばこの町《まち》に學校《がくかう》または停車場《ていしやぢやう》を建設《けんせつ》すると論《ろん》ずるが如《ごと》きは卽《すなは》ち選擧人《せんきよにん》の屬《ぞく》する團體《だんたい》に直接《ちよくせつ》する事《こと》になるから法律違反《はふりつゐはん》である。しかし多少《たせう》具體的《ぐたいてき》のものであつても特殊《とくしゆ》にして直接《ちよくせつ》なる利害關係《りがいくわんけい》でない限《かぎ》り論議《ろんぎ》して差支《さしつか》へない。

例《たと》へば山嶽地方《さんがくちはう》に於《おい》て植林施設《しよくりんしせつ》を必要《ひつえう》なりと論《ろん》じまたは海岸地方《かいがんちはう》に於《おい》て水産施設《すゐさんしせつ》を要《えう》すると論《ろん》ずるが如《ごと》く、その施設《しせつ》を何《いづ》れの町《まち》何《いづ》れの村《むら》になすと限定《げんてい》して論《ろん》ぜざる限《かぎ》り、法律上差支《はふりつじやうさしつか》へない事《こと》である。こゝに議論《ぎろん》となるのは國《くに》の利害關係《りがいくわんけい》、例《たと》へば停車場《ていしやぢやう》、國立圖書館《こくりつとしよくわん》を設置《せつち》する事《こと》を論《ろん》ずる場合《ばあひ》はこれは選擧人《せんきよにん》または選擧人《せんきよにん》の團體《だんたい》に直接《ちよくせつ》したる利益《りえき》といふ事《こと》は出來《でき》ないのであるから法律上差支《はふりつじやうさしつか》へないことであるとの論《ろん》がないでは無《な》いが、このこと丈《だけ》は今日《こんにち》いまだ適法《てきはふ》であると認《みと》められてをらないから差控《さしひか》へねばならぬ、要《えう》するに利益《りえき》を有《いう》する人及《ひとおよ》び場所《ばじよ》を局限《きよくげん》して論《ろん》ずる事《こと》は今日《こんにち》においては許《ゆる》されない事柄《ことがら》である。

一三、標語

ポスターが禁《きん》ぜられたので素晴《すば》らしい標語《へうご》も途上《とじやう》で見《み》る機會《きくわい》が少《すく》なつた。然《しか》し優秀《いうしう》な標語《へうご》は推《すゐ》薦状《せんじやう》の端《はし》に記入《きにふ》しても千金《せんきん》の重《おも》み、百の推薦語《すゐせんご》に勝《まさ》る事《こと》がある。以下《いか》一寸《ちよつと》珍《めづ》らしいものを列擧《れつきよ》して見《み》る。

まじめな投票《とうへう》は、たやすい愛國《あいこく》　（朝日新聞募集標語）

國政《こくせい》は舟《ふね》の如《ごと》し、一票《べう》は櫂の如《ごと》し　（同）

正《たゞ》しき自治《じち》を行《おこな》はんがために　（同）

斷《だん》じて良心《りやうしん》の賣買《ばいばい》をやめよ　（朝日新聞の警語）

買收《ばいしう》の魔手《ましゆ》にかゝるな　（同）

投票仲買人《とうへうなかがひにん》を蹴飛《けと》ばせ　（同）

情實《じやうじつ》を斷《た》ち誘惑《いうわく》を排《はい》せよ　（同）

投票《とうへう》は絕對自由《ぜつたいじいう》の判斷《はんだん》で　（同）

國政《こくせい》の興廢《こうはい》はこの一戰《せん》にあり　（同）

その日《ひ》は來《き》た棄權《きけん》するな　（同）

政界《せいかい》の廓淸《くわくせい》は淸《きよ》き一票《ぺう》にまつ　（同）

投票《とうへう》の動機《どうき》に自由《じいう》あれ　（同）

選《えら》ぶ人正《ひとたゞ》しければ選《えら》まれ人正《ひとたゞ》し　（同）

淸《きよ》い一票明《ぺうあか》るい日本《にほん》　（同）

淨化《じやうくわ》の實現《じつげん》一票《ぺう》の力《ちから》

ぜひ候補者岡田和《こうほしやをかだわ》一郎《らう》へ　（東京市議岡田博士の推薦狀）

一四、監視同盟

第《だい》一次普選《じふせん》では選擧革正會《せんきよかくせいくわい》があり、民政黨《みんせいたう》からは監視員《かんしゐん》が出《で》かけたが昭和《せうわ》四年《ねん》三月《ぐわつ》の東京市會總《とうきやうしくわいそう》選擧《せんきよ》では市政監視同盟《しせいかんしどうめい》が生《うま》れた。

前市《ぜんし》電勞働課長《でんろうろうくわちやう》、専修大學教授《せんしうだいがくけうじゆ》道家《だうけ》齊《さい》一郎《らう》氏《し》經濟學博士《けいざいがくはかせ》木《き》村《むら》增太郎《ますたらう》氏等《しら》お歴々《れき〳〵》が發起人《はつきにん》でその綱《かう》領《りやう》申合《まをしあは》は

第《だい》一、一切《さい》の情實《じやうじつ》を排《はい》し選擧《せんきよ》の公正《こうせい》を期《き》すこと、

第《だい》二、政黨政派《せいたうせいは》に超越《てうゑつ》し市政《しせい》の刷新《さつしん》を期《き》する事《こと》、

第《だい》三、市會成立後《しくわいせいりつご》に於《お》ける議員《ぎゐん》並《なら》びに市理事者《しりじしや》の言動《げんどう》を嚴重《げんぢう》に監視《かんし》し市政革新《しせいかくしん》の實《じつ》を擧《あ》げること

第《だい》四、あらゆる物質的取引《ぶつしつてきとりひき》を排斥《はいせき》し自治體《しちたい》の完成《くわんせい》を期《き》すること、

第《だい》五、市議《しぎ》の行動《かうどう》にして陋習弊風《ろうしふへいふう》に墮《だ》する事《こと》あらば容赦《ようしや》なく之《これ》を摘發《てきはつ》する事《こと》、

獨逸文と處女票（選擧エピソード）（七）

某市《ぼうし》で獨逸文字《どいつもんじ》の一票《べう》があつた。有効投票《いうかうとうへう》であつた。

大阪市内《おほさかしない》で投票所《とうへうしよ》へ來《き》て用紙《ようし》は貰《もら》つて見《み》たがなにがさて生《うま》れて初《はじ》めてなので變《へん》にビク〳〵して仕舞《しま》ひそのまゝ歸《かへ》らうとしたものがあつた。

一五、最後の一日

旬日の苦心善戰も水泡に歸することがある。

白熱《はくねつ》に白熱《はくねつ》した選擧運動《せんきようんどう》の日數《にっすう》も遂《つひ》に過《す》ぎ去《さ》つて、新聞《しんぶん》には「戰《たゝか》ひは餘《あま》す一日《にち》!!」など書《か》かれる頃《ころ》ほど、選擧《せんきよ》にとつて大切《たいせつ》な日《ひ》はない。この一日《にち》の運動振《うんどうぶ》り如何《いかん》によつて、旬日《じゆんじつ》の苦心《くしん》、善戰《ぜんせん》も臺《だい》なしとなり開票《かいへう》の結果《けつくわ》頼《たの》み難《がた》きは人心《ひとごゝろ》など嘆《たん》じた所《ところ》で追付《おつつ》かぬ。

この頃《ころ》は候補者《こうほしや》は勿論《もちろん》、選擧委員《せんきよゐゐん》困憊《こんぱい》の極《きよく》に達《たつ》するが、こうなつた時《とき》は精力《せいりよく》の戰《たゝか》ひである。敵《てき》の運動振《うんどうぶ》り、宣傳振《せんでんぶ》り巧《たくみ》に捉《とら》へ來《きた》つて推薦狀《すゐせんじやう》、依頼狀《いらいじやう》と全力《ぜんりよく》を擧《あ》げて最後《さいご》の一日《にち》を飽《あ》く迄《まで》戰《たゝか》ふ事《こと》に心掛《こゝろが》けねばならぬ。

戰《たゝかい》巧《たくみ》なものはこの最後《さいご》の一日《にち》によく大勢《たいせい》を挽回《ばんくわい》するものがある。注意《ちうい》を要《えう》する事《こと》だ。

一六　幾票あれば當選するか

立候補《りつこうほ》して以來《いらい》、選擧事務所《せんきよじむしよ》を開《ひら》いて以來《いらい》どの候補者《こうほしや》でも、選擧委員《せんきよゐゐん》でも胸中徂徠《きようちうそらい》するもの何票《なんぺう》を以《い》て當選點《たうせんてん》とするかである。

これを定《さだ》めてそれ〴〵の選擧事務所《せんきよじむしよ》では、毎日《まいにち》〴〵の運動方法《うんどうはうはふ》を編《あ》み出《だ》し、又記錄《またきろく》を作《つく》るが記者《きしや》はこの當選點《たうせんてん》を數字的《すうじてき》に調《しら》べて見《み》たい卽《すなは》ち實例《じつれい》につく。

一、昭和三年十一月十二日戸畑市會議員選擧

有權者六千五百二十六

投票總數　六千百八十七

棄　權　三百三十九（率五分一厘）

當選者得點　（一）二九七　（二）二七〇　（三）二六四　（四）二六一　（五）二六〇　（六）二三〇　（七）二二九　（八）二二九　（九）一九八　（一〇）一九二　（一一）一七九　（一

二)一七八　(一三)一七八　(一四)一六四　(一五)一六一　(一六)一六一　(一七)
一四九　(一八)一四一　(一九)一三九　(二〇)一三七　(二一)一三三　(二二)一
三〇　(二三)一二九　(二四)一二四　(二五)一二四　(二六)一一七　(二七)一一
六　(二八)一一五　(二九)一一五　(三〇)一一〇

定　員　三〇名　候補者四四名

有權者總數を候補者數にて除し得たる數　一四八

有權者總數より一割を減じ候補者數に除したる數

(一割は棄權及無効を算定す)　一三三

即《すなは》ち戸《と》畑市《はたし》の例《れい》では有權者總數《いうけんしやそうすう》から一割《わり》の棄權無効《きけんむかう》を除《のぞ》いた殘數《ざんすう》を候補者數《こうはしやすう》で割《わ》つて得《え》た數丈《すうだけ》の得票《とくへう》の豫想《よさう》があれば優位《いうね》で當選《たうせん》し得《う》る事《こと》を立證《りつしやう》してゐる。

二、昭和四年三月十日長崎縣南高來郡守山村議選擧

有　權　者　數　　六四三

投　票　數　　六〇一

棄　　權　　四二

當選者得點　(一)七四　(二)六八　(三)六二　(四)五七　(五)四六　(六)四六　(七)四五
(八)四一　(九)三八　(一〇)三七　(一一)三六　(一二)三六

定　員　一二　　候補者　一三

有權者總數を候補者數にて除して得たる數　　五〇

有權者總數より一割を減じ候補者數にて除したる數　四五

この村《むら》などは競爭《きやうさう》が意外《いぐわい》に少《すくな》かつた結果《けつくわ》として最高點《さいかうてん》と最低點《さいていてん》の開《ひら》きは可成《かな》り大《おほ》きい。

右《みぎ》の二例《れい》は候補者《こうほしや》の林立《りんりつ》する地《ち》と、比較的《ひかくてき》競爭《きやうさう》の少《すくな》い地《ち》とを擧《あ》げて見《み》たもので、他《た》の市町村《しちやうそん》の例《れい》に見《み》ても大體《だいたい》之《これ》に準《じゆん》するので、各自《かくじ》凡《およ》その豫定《よてい》はつき得《う》ると思《おも》ふ。

九官鳥（選擧エピソード）（六）

某縣《ぼうけん》の某候補《ぼうこうほ》の事務所《じむしよ》には一羽《は》の九官鳥《くわんてう》が飼《か》つてあるが、人《ひと》の顏《かほ》さへ見《み》れば「淸《きよ》き一票《ぺう》〇〇〇〇」とやる。

一七、當選の榮光（附禮狀の事）

蓋《ふた》は開《あ》けられた。見事當選《みごとたうせん》した今《いま》は選擧民《せんきよみん》の待望《たいたう》に副《そ》ふて、言論《げんろん》に文書《ぶんしよ》に選擧戰《せんきよせん》に於《おい》て聲明《せいめい》した通《とほ》りの公約《こうやく》を實行《じつかう》し以《もつ》て議員《ぎゐん》としての職責《しよくせき》を全《まつた》うしなければならぬ。

がその前《まへ》に今《いま》一つ忘《わす》れてならぬ事《こと》がある。

即《すなは》ち當選禮狀《たうせんれいじやう》の發送《はつそう》又《また》は謝恩演說會《しやおんえんぜつくわい》の開催《かいさい》である。之《これ》は更《さら》に次期《じき》の選擧《せんきよ》に備《そな》へるなどの卑劣《ひれつ》な考《かんが》へからでなく、當然《たうぜん》なさねばならぬ義務《ぎむ》であり、禮《れい》である。

日本《にほん》の現狀《げんじやう》では議員《ぎゐん》になつてやつたぞ。頼《たの》まれたから出《で》てやつたぞの理想境《りさうきやう》はまだまだ程遠《ほどとほ》い。

　選擧後《せんきよご》は忘《わす》れた樣《やう》に素《す》通《どほ》りし

戸別訪問《こべつはうもん》が許《ゆる》されてゐた時代《じだい》の川柳點《せんりうてん》であるが、普選《ふせん》の今日《こんにち》でもこれではまだいけぬと思《おも》ふ。謝《しや》恩演説會《おんえんぜつくわい》の事《こと》は別《べつ》に説《と》かぬが、當選禮狀《たうせんれいじやう》について二三文例《ぶんれい》を擧《あ》げて見《み》る。

一、たゞ單《たん》に氏名《しめい》の上《うへ》に「當選御禮《たうせんおんれい》」と名刺《めいし》に記《しる》すのもある。

二、

貴下の深甚の御同情に依り 當選の榮を得たる事を深謝仕り候 氏　名

三、謹みて御禮申上候

謹啓今次執行《きんけいこんじしつかう》の△△會議員選擧《くわいぎゐんせんきよ》に際《さい》しては貴下《きか》の深甚《しんじん》なる御同情《ごどうじやう》に依《よ》り幸《さいは》ひに當選《たうせん》の榮《えい》

を得候事《えそろこと》、衷心感謝《ちうしんかんしや》に堪《た》へざる次第《しだい》に之《これ》あり候《そろ》
この上《うへ》は一意《いち》御期待《ごきたい》に副《そ》ひ一意本《いほん》△政《せい》のため努勉《どべん》仕《つかまつ》る可《べ》く茲《こゝ》に感謝《かんしや》の意《い》を表《へう》し御挨拶《ごあいさつ》
迄申上候《までまをしあげそろ》　敬具《けいぐ》

月　日

△會議員　何　某

四、貴下の御同情を謝す

（推薦者からの禮狀）

謹啓《きんけい》　△△の候《こう》、今回《こんくわい》の選擧《せんきよ》に際《さい》し△△君《くん》を最適任者《さいてきにんしや》と信《しん》じ御推薦申上《ごすゐせんまをしあげ》ました處《ところ》、御繁《ごはん》忙《ばう》の折柄《をりがら》に不拘《かゝはらず》、格別《かくべつ》の御援助《ごゑんじよ》を賜《たまは》り御蔭《おかげ》を以《もつ》て當選仕《たうせんつかまつ》りました段本人《だんほんにん》の光榮《くわうえい》は勿論《もちろん》推薦者《すゐせんしや》の面目之《めんもくこれ》に過《す》ぐるもの無之《これなく》、偏《ひとへ》に貴下《きか》の深甚《しんじん》なる御同情《ごどうじやう》の賜物《たまもの》と深《ふか》く感佩《かんぱい》、茲《こゝ》に略儀乍《りやくぎなが》ら書狀《しよじやう》以《もつ》て御禮《おんれい》迄申上《までまをしあげ》ます　敬具《けいぐ》

月　日

推薦者　何　某

何　某

選擧法罰則拔粹

（選擧罰則中特《せんきよばつそくちうとく》に必要《ひつえう》のものを玆《こゝ》に摘記《てきき》して御参考《ごさんかう》に資《し》する）

一、投票《とうへう》の當日《たうじつ》投票管理者《とうへうくわんりしや》投票《とうへう》せんとする選擧人《せんきよにん》の本人《ほんにん》であるか否《いな》かを確《たしか》むるため本人《ほんにん》なる旨《むね》を宣言《せんげん》せしむることあるが此《こ》の場合《ばあひ》に虚僞《きよぎ》の宣言《せんげん》をなすと百圓以下《ゑんいか》の罰金《ばつきん》に處《しよ》せらる。

一、左《さ》の各號《かくがう》に揭《かゝ》ぐる行爲《かうゐ》ある時《とき》は二年以下《ねんいか》の懲役若《ちようえきも》しくは禁錮《きんこ》又《また》は千圓以下《ゑんいか》の罰金《ばつきん》に處《しよ》せらる。

（イ）當選《たうせん》を得若《えも》しくは得《え》しめ又《また》は得《え》しめざる目的《もくてき》を以《もつ》て選擧人又《せんきよにんまた》は選擧運動者《せんきようんどうしや》に對《たい》し金錢《きんせん》、物品《ぶつぴん》其《そ》の他《た》の財産上《ざいさんじやう》の利益若《りえきも》しくは公私《こうし》の職務《しよくむ》の供與《きようよ》、其《そ》の供與《きようよ》の申込若《まをしこみも》しくは約束《やくそく》を爲《な》し又《また》は饗應《きやうおう》接待《せつたい》、其《そ》の申込若《まをしこみも》しくは約束《やくそく》を爲《な》したるとき。

（ロ）當選《たうせん》を得若《えも》しくは得《え》しめ又《また》は得《え》しめざる目的《もくてき》を以《もつ》て選擧人又《せんきよにんまた》は選擧運動者《せんきようんどうしや》に對《たい》し其《そ》の者又《ものまた》は其《そ》の者《もの》の關係《くわんけい》ある社寺《しやじ》、學校《がくかう》、會社《くわいしや》、組合《くみあひ》、市町村等《しちやうそんとう》に對《たい》する用水《ようすゐ》、小作《こさく》、債權《さいけん》、寄附《きふ》其《そ》の他《た》特殊《とくしゆ》の直接利《ちよくせつり》害關係《がいくわんけい》を利用《りよう》して誘導《いふだう》を爲《な》したるとき。

(ハ)投票《とうへう》を爲《な》し若《も》くは爲《な》さざること、選擧運動《せんきようんどう》を爲《な》し若《も》くは止《や》めたること又《また》は其《そ》の周旋勸誘《しうせんくわんいふ》を爲《な》したることの報酬《ほうしう》と爲《な》す目的《もくてき》を以《もつ》て選擧人又《せんきよにんまた》は選擧運動者《せんきよううんどうしや》に對《たい》し第《だい》一號《がう》に掲《かゝ》ぐる行爲《かうゐ》を爲《な》したるとき。

(ニ)第《だい》一號若《がうも》くは前號《ぜんがう》の供與《きようよ》、饗應接待《きやうおうせつたい》を受《う》け若《も》くは要求《えうきう》し、第《だい》一號若《がうも》くは前號《ぜんがう》の申込《まをしこみ》を承諾《しようだく》し又《また》は第《だい》二號《がう》の誘導《いふだう》に應《おう》じ若《も》くは之《これ》を促《うなが》したるとき。

(ホ)前各號《ぜんかくがう》に掲《かゝ》ぐる行爲《かうゐ》に關《くわん》し周旋又《しうせんまた》は勸誘《くわんいふ》を爲《な》したるとき。

一、左《さ》の各號《かくがう》に掲《かゝ》ぐる行爲《かうゐ》あれば三年以下《ねんいか》の懲役若《ちようえきも》くは禁錮《きんこ》又《また》は二千圓以下《えんいか》の罰金《ばつきん》に處《しよ》せらる。

(イ)議員候補者《ぎゐんこうほしや》たること若《も》くは議員候補者《ぎゐんこうほしや》たらむとすることを止《や》めしむる目的《もくてき》を以《もつ》て議員候補《ぎゐんこうほ》者若《しやも》くは議員候補者《ぎゐんこうほしや》たらむとする者《もの》に對《たい》し又《また》は當選《たうせん》を辭《じ》せしむる目的《もくてき》を以《もつ》て當選人《たうせんにん》に對《たい》し前《ぜん》條第《でうだい》一號又《がうまた》は第《だい》二號《がう》に掲《かゝ》ぐる行爲《かうゐ》を爲《な》したるとき。

(ロ)議員候補者《ぎゐんこうほしや》たること若《も》くは議員候補者《ぎゐんこうほしや》たらむとすることを止《や》めたること、當選《たうせん》を辭《じ》したること又《また》は其《そ》の周旋勸誘《しうせんくわんいう》を爲《な》したることの報酬《ほうしう》と爲《な》す目的《もくてき》を以《もつ》て議員候補者《ぎゐんこうほしや》たりし者《もの》、議員候《ぎゐんこう》補者《ほしや》たらむとしたる者又《ものまた》は當選人《たうせんにん》たりし者《もの》に對《たい》し前條第《ぜんでうだい》一號《がう》に掲《かゝ》ぐる行爲《かうゐ》を爲《な》したるとき。

(ハ)前《ぜん》二號《がう》の供與《きようよ》、饗應接待《きやうおうせつたい》を受《う》け若《も》しくは要求《えうきう》し、前《ぜん》二號《がう》の申込《まうしこみ》を承諾《しようだく》し又《また》は第《だい》一號《がう》の誘導《いうだう》に應《おう》じ若《も》しくは之《これ》を促《うなが》したるとき。

(ニ)前各號《ぜんかくがう》に掲《かゝ》ぐる行爲《かうゐ》に關《くわん》し周旋又《しうせんまた》は勸誘《くわんいう》を爲《な》したるとき。

(ホ)選擧人《せんきよにん》、議員候補者《ぎゐんこうほしや》、議員候補者《ぎゐんこうほしや》たらむとする者《もの》、選擧運動者又《せんきよううんどうしやまた》は當選人《たうせんにん》に對《たい》し暴行若《ばうかうも》しくは威力《ゐりよく》を加《くは》へ又《また》は之《これ》を拐引《かいいん》したるとき。

(ヘ)交通若《かうつうも》しくは集會《しふくわい》の便《べん》を妨《さまた》げ又《また》は演說《えんぜつ》を妨害《ばうがい》し其《そ》の他僞《たぎ》計詐術等不正《けいさじゆつとうふせい》の方法《はうはふ》を以《もつ》て選擧《せんきよ》の自《じ》由《いう》を妨害《ばうがい》したるとき。

(ト)選擧人《せんきよにん》、議員候補者《ぎゐんこうほしや》、議員候補者《ぎゐんこうほしや》たらむとする者《もの》、選擧運動者若《せんきよううんどうしやも》しくは當選人又《たうせんにんまた》は其《そ》の關係《くわんけい》ある社寺《しやじ》、學校《がくかう》、會社《くわいしや》、組合《くみあひ》、市町村等《しちやうそんとう》に對《たい》する用水《ようすゐ》、小作《こさく》、債權《さいけん》、寄附《きふ》其《そ》の他特殊《たとくしゆ》の利害《りがい》關係《くわんけい》を利用《りよう》して選擧人《せんきよにん》、議員候補者《ぎゐんこうほしや》、議員候補者《ぎゐんこうほしや》たらむとする者《もの》、選擧運動者又《せんきよううんどうしやまた》は當選人《たうせんにん》を威逼《ゐひつ》したるとき。

一、選擧《せんきよ》に關《くわん》し銃砲《じうはう》、刀劍《たうけん》、棍棒《こんぼう》其他《そのた》人《ひと》を殺傷《さつしやう》するに足《た》るべき物件《ぶつけん》を携帶《けいたい》したる者《もの》は二年以下《ねんいか》の禁錮《きんこ》又《また》は千圓以下《ゑんいか》の罰金《ばつきん》に處《しよ》せらる。

一、前項《ぜんかう》の物件《ぶつけん》を携帶《けいたい》して選擧會場《せんきよくわいぢやう》、開票所《かいへうしよ》又《また》は投票所《とうへうしよ》に入《い》りたる者《もの》は三年以下《ねんいか》の禁錮《きんこ》又《また》は二千圓以下《ゑんいか》の罰金《ばつきん》に處《しよ》せらる。

一、選擧《せんきよ》に關《くわん》し多衆集合《たしうしふがふ》し若《も》しくは隊伍《たいご》を組《く》みて往來《わうらい》し又《また》は煙火《はなび》、松明《たいまつ》の類《るゐ》を用《もち》ひ若《も》しくは鐘鼓《しようこ》、喇《らつ》叭《ぱ》の類《るゐ》を鳴《な》らし旗幟《きし》其《そ》の他《た》の標章《へうしやう》を用《もち》ふる等《とう》氣勢《きせい》を張《は》るの行爲《かうゐ》を爲《な》し警察官吏《けいさつくわんり》の制止《せいし》を受《う》くるも仍《なほ》其《そ》の命《めい》に從《したが》はざる者《もの》は六月以下《つきいか》の禁錮《きんこ》又《また》は三百圓以下《ゑんいか》の罰金《ばつきん》に處《しよ》せらる。

一、選擧人《せんきよにん》に非《あら》ざる者《もの》投票《とうへう》を爲《な》したるときは一年以下《ねんいか》の禁錮《きんこ》又《また》は五百圓以下《ゑんいか》の罰金《ばつきん》に處《しよ》せらる。

一、氏名《しめい》を詐稱《さしよう》し其《そ》の他《た》詐僞《さぎ》の方法《はうはふ》を以《もつ》て投票《とうへう》を爲《な》したる者《もの》は二年以下《ねんいか》の禁錮《きんこ》又《また》は千圓以下《ゑんいか》の罰《ばつ》金《きん》に處《しよ》せらる。

一、投票《とうへう》を僞造《ぎざう》し又《また》は其《そ》の數《すう》を増減《ぞうげん》したる者《もの》は三年以下《ねんいか》の懲役《ちようえき》若《も》しくは禁錮《きんこ》又《また》は二千圓以下《ゑんいか》の罰金《ばつきん》に處《しよ》せらる。

一、左《さ》の各號《かくがう》に違反《ゐはん》した時《とき》は一年以下《ねんいか》の禁錮又《きんこまた》は五百圓以下《ゑんいか》の罰金《ばつきん》に處《しよ》せらる。

イ、議員候補者《ぎゐんこうほしや》、選擧事務長《せんきよじむちやう》、選擧委員《せんきよゐゐん》、選擧事務員《せんきよじむゐん》に非《あら》ずして選擧運動《せんきよううんどう》を爲《な》すことを得《え》ず
（但《たゞ》し演說又《えんぜつまた》は推薦狀《すゐせんじやう》に依《よ》る選擧運動《せんきよううんどう》は此《こ》の限《かぎ》りに在《あ》らず）

ロ、何人《なんぴと》と雖《いへど》も投票《とうへう》を得《え》若《も》くは得《え》せしめ又《また》は得《え》せしめざる目的《もくてき》を以《もつ》て戸別訪問《こべつはうもん》を爲《な》すことを得《え》ず

ハ、何人《なんぴと》と雖《いへど》も前項《ぜんかう》の目的《もくてき》を以《もつ》て連續《れんぞく》して個々《こゝ》の選擧人《せんきよにん》に對《たい》し面接《めんせつ》し又《また》は電話《でんわ》に依《よ》り選擧運動《せんきよううんどう》を爲《な》すことを得《え》ず

一、左《さ》の行爲《かうゐ》あるときは三百圓以下《ゑんいか》の罰金《ばつきん》に處《しよ》せらる。

イ、選擧事務所《せんきよじむしよ》を制限以上《せいげんいじやう》に設置《せつち》したるとき

ロ、休憩所其他之《きうけいしよそのたこれ》に類似《るゐじ》する設備《せつび》を選擧運動《せんきよううんどう》の爲《た》めに設《まう》けたるとき

一、左《さ》の行爲《かうゐ》ありたるときは六月以下《つきいか》の禁錮又《きんこまた》は三百圓以下《ゑんいか》の罰金《ばつきん》に處《しよ》せらる。

イ、選擧事務長《せんきよじむちやう》に非《あら》ずして選擧事務所《せんきよじむしよ》を設置《せつち》し又《また》は選擧委員若《せんきよゐゐんもし》くは同上事務員《どうじやうじむゐん》を選任《せんにん》したるとき

ロ、選擧權《せんきよけん》を有《いう》せずして選擧事務長《せんきよじむちやう》、選擧委員若《せんきよゐゐんもし》くは同上事務員《どうじやうじむゐん》となりたるとき

ハ、選擧事務長辭任《せんきよじむちやうじにん》し又《また》は解任《かいにん》され遲滯《ちたい》なく選擧運動費《せんきようんどうひ》の計算《けいさん》を爲《な》して後任者《こうにんしや》に選擧事務所《せんきよじむしよ》、選擧委員《せんきよゐゐん》、選擧事務員其他《せんきよじむゐんそのた》の事務《じむ》と共《とも》に引繼《ひきつぎ》を爲《な》さゞるとき

一、左《さ》の場合《ばあひ》には百圓《ゑん》以下《いか》の罰金《ばつきん》に處《しよ》せらる。

イ、選擧事務長《せんきよじむちやう》を選任《せんにん》せるものが直《たゞち》に其旨《そのむね》を選擧區內警察官署《せんきよくないけいさつくわんしよ》の一に屆出《とゞけい》でざるとき

ロ、選擧事務長《せんきよじむちやう》が選擧事務所《せんきよじむしよ》を設置《せつち》し又《また》は選擧委員若《せんきよゐゐんもし》くは同事務員《どうじむゐん》を選任《せんにん》し直《たゞち》に其旨《そのむね》を前項《ぜんかう》の屆出《とゞけい》でを爲《な》したる警察官署《けいさつくわんしよ》に屆出《とゞけい》でざるとき（委員《ゐゐん》、事務員《じむゐん》、事務所《じむしよ》の異動《いどう》に付《つき》ても同樣《どうやう》）

ハ、選擧運動《せんきようんどう》のため頒布《はんぷ》し又《また》は掲示《けいじ》する文書圖畫《ぶんしよづぐわ》に關《くわん》し內務大臣《ないむだいじん》の命《めい》ずる制限《せいげん》に背《そむ》きたるとき

一、選擧事務長又《せんきよじむちやうまた》は選擧事務長《せんきよじむちやう》に代《かは》り其《そ》の職務《しよくむ》を行《おこな》ふ者《もの》第《だい》百二條《でう》第《だい》二項《かう》の規定《きてい》に依《よ》り告示《こくじ》せられたる額《がく》を超《こ》え選擧運動《せんきよううんどう》の費用《ひよう》を支出《ししゆつ》し又《また》は第《だい》百一條《でう》第《だい》一項《かう》但書《たゞしがき》の規定《きてい》に依《よ》る承諾《しようだく》を與《あた》へて支出《ししゆつ》

せしめたるときは一年以下《ねんいか》の禁錮《きんこ》又《また》は五百圓以下《ゑんいか》の罰金《ばつきん》に處《しよ》す

一、第《だい》百一條《でう》の規定《きてい》に違反《ゐはん》して選擧運動《せんきよううんどう》の費用《ひよう》を支出《ししゆつ》したる者《もの》は一年以下《ねんいか》の禁《きん》錮に處《しよ》す

（參照《さんせう》）第《だい》百一條立候補準備《でうりつこうほじゆんび》の爲《ため》に要《えう》する費用《ひよう》を除《のぞ》くの外《ほか》選擧運動《せんきよううんどう》の費用《ひよう》は選擧事務《せんきよじむ》に非らざれば之《これ》を支出《ししゆつ》することを得《え》ず但《たゞ》し議員候補者《ぎゐんこうほしや》、選擧委員《せんきよゐゐん》、又《また》は選擧事務員《せんきよじむゐん》は選擧事務長《せんきよじむちやう》の文書《ぶんしよ》に依《よ》る承諾《しようだく》を得《え》て之《これ》を支出《ししゆつ》することを妨《さまた》げず
議員候補者《ぎゐんこうほしや》、選擧事務長《せんきよじむちやう》、選擧委員《せんきよゐゐん》又《また》は選擧事務員《せんきよじむゐん》に非《あら》ざる者《もの》は選擧運動《せんきよつんどう》の費用《ひよう》を支出《ししゆつ》することを得《え》ず但《たゞ》し演說又《えんぜつまた》は推薦狀《すゐせんじやう》に依《よ》る運動《うんどう》の費用《ひよう》は此《こ》の限《かぎり》に在《あ》らず

一、第《だい》百二條選擧運動《でうせんきよううんどう》の費用《ひよう》は議員候補者《ぎゐんこうほしや》一人《り》に付左《つきさ》の各號《かくがう》の額《がく》を超《こ》ゆることを得《え》ず

一、選擧區內《せんきよくない》の議員《ぎゐん》の定數《ていすう》を以《もつ》て選擧人名簿《せんきよにんめいぼ》確定《かくてい》の日《ひ》に於《おい》て之《これ》に記載《きさい》せられたる者《もの》の總數《そうすう》を除《ぢよ》して得《え》たる數《すう》を四十錢《せん》に乘《じよう》じて得《え》たる額《がく》

二、選擧《せんきよ》の一部無效《ぶむかう》と爲《な》り更《さら》に選擧《せんきよ》を行《おこな》ふ場合《ばあひ》に於《おい》ては選擧區內《せんきよくない》の議員《ぎゐん》の定數《ていすう》を以《もつ》て選擧人《せんきよにん》名簿《めいぼ》確定《かくてい》の日《ひ》に於《おい》て關係區域《くわんけいくゐき》の選擧人名簿《せんきよにんめいぼ》に記載《きさい》せられたる者《もの》の總數《そうすう》を除《ぢよ》して得《え》たる數《すう》を

四十錢《せん》に乘《じよう》じて得《え》たる額《がく》

三、第《だい》三十七條《でう》の規定《きてい》に依《よ》り投票《とうへう》を行《おこな》ふ場合《ばあひ》に於《おい》ては前號《ぜんがう》の規定《きてい》に準《じゆん》じて算出《さんしゆつ》したる額《がく》但《たゞ》し地方長官《ちはうちやうくわん》(東京府《とうきやうふ》に在《あ》りては警視總監《けいしそうかん》)必要《ひつえう》ありと認《みと》むるときは之《これ》を減額《げんがく》することを得《う》

一、左《さ》の各號《かくがう》に掲《かゝ》ぐる行爲《かうゐ》ある時《とき》は六月《つき》以下《いか》の禁錮《きんこ》又《また》は二百圓《ゑん》以下《いか》の罰金《ばつきん》に處《しよ》せらる。

一、第《だい》百五條《でう》の規定《きてい》に違反《ゐはん》して帳簿《ちやうぼ》を備《そな》へず又帳簿《またちやうぼ》に記載《きさい》を爲《な》さず若《も》くは之《これ》に虛僞《きよぎ》の記入《きにふ》を爲《な》したるとき。

二、第《だい》百六條《でう》第《だい》一項《かう》の屆出《とゞけいで》を怠《おこた》り又《また》は虛僞《きよぎ》の屆出《とゞけいで》を爲《な》したるとき

三、第《だい》百七條《でう》第《だい》一項《かう》の規定《きてい》に違反《ゐはん》して帳簿《ちやうぼ》又《また》は書類《しよるゐ》を保存《ほぞん》せざるとき

四、第《だい》百七條《でう》第《だい》一項《かう》の規定《きてい》に依《よ》り保存《ほぞん》すべき帳簿《ちやうぼ》又《また》は書類《しよるゐ》に虛僞《きよぎ》の記入《きにふ》を爲《な》したるとき

五、第《だい》百八條《でう》の規定《きてい》に依《よ》る帳簿《ちやうぼ》若《も》くは書類《しよるゐ》の提出《ていしゆつ》若《も》くは檢査《けんさ》を拒《こば》み若《も》くは之《これ》を妨《さまた》げ又《また》は說明《せつめい》の求《もと》めに應《おう》ぜざるとき

(參照《さんせう》) 第《だい》百五條《でう》 選擧事務長《せんきよじむちやう》は勅令《ちよくれい》の定《さだ》むる所《ところ》に依《よ》り帳簿《ちやうぼ》を備《そな》へ之《これ》に選擧運動《せんきよううんどう》の費用《ひよう》を記載《きさい》

すべし

第《だい》百六條《でう》　選擧事務長《せんきよじむちやう》は勅令《ちよくれい》の定《さだ》むる所《ところ》に依《よ》り選擧運動《せんきよううんどう》の費用《ひよう》を精算《せいさん》し選擧《せんきよ》の期日《きじつ》より十四日《か》以内《いない》に第《だい》八十八條第《でうだい》五項《かう》の屆出《とゞけいで》ありたる警察官署《けいさつくわんしよ》を經《へ》て之《これ》を地方長官《ちはうちやうくわん》（東京府《とうきやうふ》に在《あ》りては警視總監《けいしそうかん》）に屆出《とゞけい》づべし

地方長官《ちはうちやうくわん》（東京府《とうきやうふ》に在《あ》りては警視總監《けいしそうかん》）は前項《ぜんかう》の規定《きてい》に依《よ》り屆出《とゞけいで》ありたる選擧運動《せんきよううんどう》の費用《ひよう》を告示《こくじ》すべし

第《だい》百七條《でう》　選擧事務長《せんきよじむちやう》は前條第《ぜんでうだい》一項《かう》の屆出《とゞけいで》を爲《な》したる日《ひ》より一年間選擧運動《ねんかんせんきよううんどう》の費用《ひよう》に關《くわん》する帳簿及書類《ちやうぼおよびしよるゐ》を保存《ほぞん》すべし

前項《ぜんかう》の帳簿及書類《ちやうぼおよびしよるゐ》の種類《しゆるゐ》は勅令《ちよくれい》を以《もつ》て之《これ》を定《さだ》む

第《だい》百八條《でう》　警察官吏《けいさつくわんり》は選擧《せんきよ》の期日後何時《きじつごいつ》にても選擧事務長《せんきよじむちやう》に對《たい》し選擧運動《せんきよううんどう》の費用《ひよう》に關《くわん》する帳《ちやう》簿《ぼ》又《また》は書類《しよるゐ》の提出《ていしゆつ》を命《めい》じ、之《これ》を檢査《けんさ》し又《また》は之《これ》に關《くわん》する說明《せつめい》を求《もと》むることを得《う》

町村會議員選擧取締要項

これは刷物《すりもの》にしたのを、選擧期日《せんきよきじつ》が近《ちか》まり候補者《こうほしや》も出《で》そろう頃《ころ》になると、大抵所轄警察官署《たいていしよかつけいさつくわんしよ》から呉《く》れるのであるが、その中候補者《うちこうほしや》の屆出《とゞけいで》を要《えう》する事《こと》、選擧委員《せんきよゐゐん》の數《すう》などは前各項《ぜんかくかう》に渉《わた》つて詳述《しやうじゆつ》したのでこゝに省《はぶ》き、警告事項《けいこくじかう》、注意事項《ちういじかう》となる可《べ》く思《おも》はれるもののみを摘記《てきき》する。これとて前述《ぜんじゆつ》のものと重複《ぢうふく》するものあるかも知《し》れぬので取捨《しゆしや》はよろしくせられたい。

警告事項

一、選擧事務所《せんきよじむしよ》は選擧當日《せんきよたうじつ》に限《かぎ》り投票所《とうへうしよ》を設《まう》けたる場所《ばしよ》の入口《いりくち》より三町以内《ちやうゐない》の地域《ちゐき》に之《これ》を置《お》かざること。

二、休憩所其他《きうけいしよそのた》之《これ》に類似《るゐじ》する設備《せつび》は選擧運動《せんきよううんどう》の爲《た》め之《これ》を設《まう》けざること。

三、何人《なんびと》と雖《いへど》も投票《とうへう》を得若《えも》しくは得《え》しめざる目的《もくてき》を以《もつ》て戸別訪問《こべつはうもん》を爲《な》さざること。

四、何人《なんぴと》と雖《いへど》も前項《ぜんかう》の目的《もくてき》を以《もつ》て連續《れんぞく》して個々《こゝ》の選擧人《せんきよにん》に對《たい》し面接《めんせつ》し又《また》は電話《でんわ》に依《よ》り選擧運動《せんきよ うんどう》をなさざること。

五、選擧事務《せんきよじむ》に關係《くわんけい》ある官吏《くわんり》及吏員《およびりゐん》は其《そ》の關係區域内《くわんけいくゐきない》に於《お》ける選擧運動《せんきよううんどう》をなさざること。

六、選擧運動《せんきよううんどう》の爲《た》め文書圖畫《ぶんしよづぐわ》の類《るゐ》を頒布《はんぷ》し又《また》は掲示《けいじ》する者《もの》は表面《へうめん》に其《そ》の氏名及住所《しめいおよびぢうしよ》を記載《きさい》すべし

但《たゞ》し名刺《めいし》及選擧事務所《およびせんきよじむしよ》に掲示《けいじ》するものに付《つき》ては此《こ》の限《かぎり》に非《あら》ず

七、選擧運動《せんきよううんどう》の爲《ため》頒布《はんぷ》し又《また》は掲示《けいじ》する引札張札《ひきふだはりふだ》の類《るゐ》は二度《ど》刷又《すりまた》は二色以下《しよくいか》とし長《なが》さ三尺《しやく》一寸巾《すんはゞ》二尺《しやく》一寸《すん》を超《こ》へざること

八、選擧運動《せんきよううんどう》の爲《た》め使用《しよう》する名刺《めいし》の用紙《ようし》は白色《はくしよく》のものに限《かぎ》る

九、選擧運動《せんきよううんどう》の爲使用《ためしよう》する立札看板《たてふだかんばん》の類《るゐ》は議員候補者《ぎゐんこうほしや》一人《り》に付通《つきつう》じて十個以内《こいない》とし白色《はくしよく》に黒色《こくしよく》を用《もち》ひたるものに限《かぎ》り且《か》つ縦《たて》九尺横《じやくよこ》二尺《しやく》を超《こ》へざること

十、選擧運動《せんきよううんどう》の爲使用《ためしよう》する立札看板《たてふだかんばん》の類《るゐ》は選擧事務所《せんきよじむしよ》を設《まう》けたる場所《ばしよ》の入口《いりくち》より一町以内《ちやういない》の區域《くゐき》に於《おい》ては選擧事務所《せんきよじむしよ》一箇所《かしよ》に付通《つきつう》じて二箇《こ》を超《こ》へざること

十一、選擧運動《せんきようんどう》の爲《ため》にする文書圖畫《ぶんしようぐわ》は選擧《せんきよ》の當日《たうじつ》に限《かぎ》り投票所《とうへうしよ》を設《まう》けたる場所《ばしよ》の入口《いりくち》から三町以內《ちやういない》の區域《くゐき》に於《おい》て之《これ》を頒布《はんぷ》し又《また》は揭示《けいじ》せざること

十二、選擧運動《せんきよううんどう》の爲《ため》にする文書圖畫《ぶんしようぐわ》は航空機《かうくうき》に依《よ》り之《これ》を頒布《はんぷ》せざること

十三、選擧運動《せんきよううんどう》の爲《ため》にする張札《はりふだ》、立札《たてふだ》、看板《かんばん》の類《るゐ》は承諾《しようだく》を得《え》ずして他人《たにん》の土地《とち》又《また》は工作物《こうさくぶつ》に之《これ》を揭示《けいじ》せざること

三、注意事項

一、選擧事務所《せんきよじむしよ》は可成《なるべく》料理屋《れうりや》、席貸《せきかし》、飮食店等《いんしよくてんとう》に設《まう》けざること、止《や》むを得《え》ざる場合《ばあひ》は區劃《くくわく》を確立《かくりつ》たらしむること

二、選擧事務所《せんきよじむしよ》に酒類《さけるゐ》を備《そな》へ付《つ》けざること

三、選擧事務所《せんきよじむしよ》に於《おい》て茶菓《ちやくわ》の外《ほか》供《きよう》せざること

四、選擧事務所《せんきよじむしよ》には選擧《せんきよ》に關《くわん》する心得事項《こころえじかう》の概要《がいえう》を標示《へうじ》すること

五、運動者《うんどうしゃ》は酒氣《しゆき》を帯《お》びて運動《うんどう》に從事《じうじ》せざること

六、議員候補者《ぎゐんこうほしや》の政見發表《せいけんはつぺう》に直接關係《ちよくせつくわんけい》なき新聞雜誌《しんぶんざつし》其《そ》の他《た》の印刷物《いんさつぶつ》を選擧人《せんきよにん》に無代配付《むだいはいふ》を爲《な》さざること

七、選擧運動《せんきようんどう》に使用《しよう》する名刺《めいし》は端書大以下《はがきだいいか》とすること

八、印刷物看板《いんさつぶつかんばん》の類《るゐ》は白色《はくしよく》に黒色《こくしよく》を用《もち》ひ矯激《けうげき》の文字《もんじ》及諷刺圖畫《およびふうしづぐわ》を表出《へうしゆつ》せざること

諸届様式

□市會議員候補者屆

議員候補者氏名

職業何々（官公吏陸海軍人にありては成る可く明細に記載すること）

住所　何市何町何番地

出生年月日　年月日生

選擧　何年何月何日執行市會議員選擧

右別紙供託を證すべき書　相添立候補屆出候也

年月日

氏名印

選擧長氏名宛

□市會議員候補者推薦屆

議員候補者　氏　名

職業何々　〔官公吏陸海軍人に在りては成る可く明細に記載すること〕

住所　何市何町何番地

出生年月日　年月日生

選擧　何年月日執行市會議員選擧

推薦屆出者　氏　名

住所　何市何町何番地

出生年月日　何年月日生

推薦屆出者　氏　名

住所　何市何町何番地

出生年月日　何年月日生

右別紙供託を證すべき書面相添推薦屆出候也

年　月　日

氏　名　印

氏　名　印

選擧長氏名宛

□市會議員候補者辭退屆

議員候補者　氏　名

事由　昭和何年何月何日何々の爲被選擧權を有せざるに至りたり

右辭退屆出候也

年　月　日

議員候補者　氏　名　印

選擧長氏名宛

備考　事由は選擧權を有せざるに至りたる爲議員候補者たることを辭する場合に限り記載すべし

□町村會議員候補者屆

一、候補者　氏名

一、職業　（前に同じ）

一、住所　郡町村番地

一、出生年月日　年月日生

右昭和年月日施行何町村會議員選擧に立候補候條及御屆候也

年月日　氏名　印

警察署長宛

□町村會議員候補者推薦屆

一、候補者氏名
一、職業（前同）
一、住所何郡何町何村番地
一、出生年月日　年月日生
右昭和年月日施行町村會議員候補者に推薦候條及御屆候也
住所
年月日
推薦者氏名
候補者氏名
警察署長宛

□町村會議員候補者辭退屆
一、候補者氏名

右昭和年月日　行何町村會議員候補者として及屆出置候處都合に依り辭退候條及御屆候也

年　月　日

議員候補者　氏　　名　㊞

警　察　署　長　宛

□選擧事務長選任屆

一、選擧事務長　　氏　　名

一、職　　業　　何　　々

一、住　　所　　何郡何町何番地

一、出生年月日　　年　月　日生

右選任候條此段及御屆候也

年　月　日

議員候補者　氏　　名　㊞

又は　議員候補者推薦者

警察署長宛

備考　推薦届者が選任する場合は議員候補者と連署すること

□選擧事務長解任屆

一、選擧事務長　氏　名

右何月何日解任候條及御屆候也

年　月　日

議員候補者　氏　名　印

警察署長宛

□選擧事務長辭退屆

一、選擧事務長　氏　名

右議員候補者何某の選擧事務長として及屆出置候處何月何日限り辭退候條及御屆候也

年　月　日　　　　　　　　　選擧事務長　氏　　　　　名　印

警察署長宛

□選擧運動員選任屆

議員候補者何某の選擧運動員として左記の者を選任候條及御屆候也

年　月　日　　　　　　　　選擧事務長　氏　　　　　名　印

警察署長宛

左　記

選擧委員　住所氏名

選擧事務員　住所氏名

□選擧運動員解任屆

左記の者議員候補者何某の選擧運動員として及御屆置候處何月何日限り解任候條及御屆候也

年　月　日　　　　　　　　　　　　選擧事務長　氏　　　　名　印

警察署長宛

左　記

住所　氏名

住所　氏名

□選擧事務所設置屆

一、場所　何町何村大字何番地

右設置候條及御屆候也

年　月　日　　　　　　　　　　　　選擧事務長　氏　　　　名　印

警察署長宛

□選擧事務所廢止屆

一、場　所

右何月何日限り廢止候條及御屆候也

年　月　日

選擧事務長　氏　名　㊞

警察署長宛

◇選擧立會人
投票立會人屆
開票立會人

立會人　氏　名

住　所　何市何町何村何番地

出生年月日　何年何月何日生

選　擧　昭和年月日執行の何々議員選擧

右別紙本人の承諾書相添屆出候也

年　月　日

議員候補者　氏　　名　㊞

市町村長宛

選擧立會人
□投票立會人　承諾書
開票立會人

昭和年月日執行の何々議員選擧に於ける選擧立會人（投票立會人）（開票立會人）たることを承諾候也

年　月　日

市郡町村番地

氏　　名　㊞

議員候補者氏名宛

□選擧運動の爲にする設備使用申請書

私儀何議員選擧に於ける演說に依る選擧運動の爲左記に依り設備使用致度候條御許可相成度此段申請候也

年　月　日

申請者　住　所　氏　名　㊞

（代人を定めたる時は代人の住所氏名併記）

管理者氏名殿

一、議員候補者氏名（例何市會議員候補者何某）

二、營造物の名稱（例何々小學學校何々會議事堂）

三、營造物の設備

イ、建物の箇所

（例致室、講堂等）

ロ、器具、什器の種類及其の數量

（例教壇一個、卓子一個、腰掛百個何々等）

八、附屬設備の種類及其の員數

（例下駄箱一個、草履百足、電燈何燭何箇等）

四、使用の日時　昭和年月日

午前（後）何時何分より午前（後）何時何分迄

五、入場者見込數

引渡者

一、何々を何月何日何時（何分）より演說に依る選擧運動の爲に使用し何日何時（何分）之が使用を終へ引渡をなしたり

一、設備損傷箇所及程度

右之通相違無之候也

年　月　日

引渡人氏名　印

引受人氏　　　　名　㊞

□選擧運動費用精算書

何府縣郡市

議員候補者氏　　　　名

前記議員候補者の何月何日執行の府(縣)會議員選擧投票に於ける選擧運動の費用精算の結果左記の通相違無之依て府縣制第三十九條に依り屆出候也

年　月　日

選擧事務長氏　　　　名　㊞

府縣知事宛

記

一、支出總額　　金何圓何錢

(一)選擧事務長の支出したる額　　金何圓何錢

(二)選擧事務長の承諾を得て支出したる額　金何圓何錢

内

議員候補者の支出したる額　金何圓何錢

選擧委員の支出したる額　金何圓何錢

選擧事務員の支出したる額　金何圓何錢

(三)議員候補者、選擧事務長、選擧事務員又選擧委員に非ざる者の支出したる額　金何圓何錢

内

議員候補者と意思を通じて支出したる額　金何圓何錢

選擧事務長と意思を通じて支出したる額　金何圓何錢

(四)立候補準備の爲に支出したる額　金何圓何錢

支出明細

一、報酬

選擧事務員　何圓

傭人　何圓

二、家屋費

選擧事務所　何圓

集會會場　何圓

三、通信費

郵便料　何圓

電報料　何圓

電話料　何圓

其他　何圓

四、船車馬賃

汽車賃　何圓
電車賃　何圓
自動車賃　何圓
馬車賃　何圓
人力車賃　何圓
船賃　何圓
其他　何圓
五、印刷費　何圓
六、廣告費　何圓
七、筆墨紙費　何圓
八、休泊費　何圓
九、飲食物費　何圓

十、雜費　何圓

計　金何圓何錢

一、實費辨償　金何圓何錢

(一)選擧事務長　金何圓何錢

(二)選擧委員　金何圓何錢

(三)選擧事務員　金何圓何錢

(四)傭人　金何圓何錢

市制抄

第十條　市《し》公民《こうみん》は市《し》の選擧《せんきよ》に參與《さんよ》し市《し》の名譽職《めいよしよく》に選擧《せんきよ》せらるゝ權利《けんり》を有《いう》し市《し》の名譽職《めいよしよく》を擔任《たんにん》する義務《ぎむ》を負《お》ふ。

第二章　市　會

第一款　組織及選擧

第十三條　市《し》會議員《くわいぎゐん》は其《そ》の被《ひ》選擧權《せんきよけん》ある者《もの》に就《つ》き選擧人《せんきよにん》之《これ》を選擧《せんきよ》す

議員《ぎゐん》の定數《ていすう》左《さ》の如《ごと》し

一　人口《じんこう》五万未滿《みまん》の市《し》　三十人《にん》

二　人口《じんこう》五万以上《いじやう》十五万未滿《みまん》の市《し》　三十六人《にん》

三　人口《じんこう》十五萬以上《まんいじやう》二十万未滿《みまん》の市《し》　四十人《にん》

四　人口《じんこう》二十万以上《いじやう》三十万未満《みまん》の市《し》　四十四人《にん》
五　人口《じんこう》三十万以上《いじやう》の市《し》　四十八人《にん》
人口《じんこう》三十万を超《こ》ゆる市《し》に於《おい》ては人口《じんこう》十万、人口《じんこう》五十万を超《こ》ゆる市《し》に於《おい》ては人口《じんこう》二十万を加《くは》ふる毎《ごと》に議員《ぎゐん》四人《にん》を増加《ぞうか》す
議員《ぎゐん》の定数《ていすう》は市條例《しでうれい》を以《もつ》て特《とく》に之《これ》を増減《ぞうげん》することを得《う》
議員《ぎゐん》の定数《ていすう》は總選擧《そうせんきよ》を行《おこな》ふ場合《ばあひ》に非《あら》ざれば之《これ》を増減《ぞうげん》せず但《たゞ》し著《いちゞ》るしく人口《じんこう》の増減《ぞうげん》ありたる場合《ばあひ》に於《おい》て内務大臣《ないむだいじん》の許可《きよか》を得《え》たるときは此《こ》の限《かぎり》に在《あ》らず
第十四條　市公民《しこうみん》は總《すべ》て選擧權《せんきよけん》を有《いう》す但《たゞ》し公民權停止中《こうみんけんていしちう》の者又《ものまた》は第《だい》十一條第《でうだい》三項《かう》の場合《ばあひ》に該當《がいたう》する者《もの》は此《こ》の限《かぎり》に在《あ》らず
第十五條（削除《さくぢよ》）
第十六條　市《し》は市條例《しでうれい》を以《もつ》て選擧區《せんきよく》を設《まう》くることを得《う》
選擧區《せんきよく》の數及其《すうおよびそ》の區域《くゐき》竝《ならびに》各選擧區《かくせんきよく》より選出《せんしゆつ》する議員數《ぎゐんすう》は前項《ぜんかう》の市條例中《しでうれいちう》に之《これ》を規定《きてい》すべし

第《だい》六條《でう》の市《し》に於《おい》ては區《く》を以《もつ》て選擧區《せんきよく》とす其《そ》の各選擧區《かくせんきよく》より選出《せんしゆつ》する議員數《ぎゐんすう》は市《し》條例《でうれい》を以《もつ》て之《これ》を定《さだ》むべし

選擧人《せんきよにん》は住所《ぢうしよ》に依《よ》り所屬《しよぞく》の選擧區《せんきよく》を定《さだ》む第《だい》七十六條《でう》又《また》は第《だい》七十九條《でう》第《だい》二項《かう》の規定《きてい》に依《よ》り市公民《しこうみん》たるものにして市内《しない》に住所《ぢうしよ》を有《いう》せざる者《もの》に付《つ》いては市長《しちやう》は本人《ほんにん》の申出《まをしいで》に依《よ》り其申出《そのまをしいで》なきときは職權《しよくけん》に依《よ》り其《そ》の選擧區《せんきよく》を定《さだ》むべし

選擧區《せんきよく》に於《おい》ては前條《ぜんでう》の規定《きてい》に準《じゆん》じ選擧人《せんきよにん》の等級《とうきふ》を別《わか》つべし但《たゞ》し一級選擧人《きふせんきよにん》の數《すう》其選出《そのせんしゆつ》すべき議《ぎ》員配當數《ゐんはいたうすう》より少《すくな》きときは納額《なふがく》最《もつと》も多《おほ》き者《もの》議員配當數《ゐんはいたうすう》と同數《どうすう》を以《もつ》て一級《きふ》とす

第十七條　特別《とくべつ》の事情《じじやう》あるときは市《し》は區劃《くくわく》を定《さだ》めて投票分會《とうへうぶんくわい》を設《まう》くることを得《う》

第十八條　選擧權《せんきよけん》を有《いう》する市公民《しこうみん》は被選擧權《ひせんきよけん》を有《いう》す

在職《ざいしよく》の檢事《けんじ》、警察官吏《けいさつくわんり》及收税官吏《およびしうぜいくわんり》は被選擧權《ひせんきよけん》を有《いう》せず

選擧事務《せんきよじむ》に關係《くわんけい》ある官吏《くわんり》及《および》市《し》の有給吏員《いうきふりゐん》は其《そ》の關係區域内《くわんけいくゐきない》に於《おい》て被選擧權《ひせんきよけん》を有《いう》せず

市《し》の有給《いうきふ》の吏《り》員敎員《ゐんけうゐん》其《そ》の他《た》の職員《しよくゐん》にして在職中《ざいしよくちう》の者《もの》は其《そ》の市《し》の市會議員《しくわいぎゐん》と相兼《あひか》ぬることを得《え》ず

第十九條　市會《しくわい》議員《ぎゐん》は名譽職《めいよしよく》とす

議員《ぎゐん》の任期《にんき》は四年《ねん》とし總選擧《そうせんきよ》の日《ひ》より之《これ》を起算《きさん》す

議員《ぎゐん》の定數《ていすう》に異動《いどう》を生《しやう》じたる爲《ため》解任《かいにん》を要《えう》する者《もの》あるときは市長《しちやう》抽籤《ちうせん》して之《これ》を定《さだ》む但《たゞ》し闕員《けつゐん》あるときは其《そ》の闕員《けつゐん》を以《もつ》て之《これ》に充《あ》つべし

前項《ぜんかう》但書《たゞしがき》の場合《ばあひ》に於《おい》て闕員《けつゐん》の數《すう》解任《かいにん》を要《えう》する者《もの》の數《すう》に滿《み》たざるときは其《そ》の不足《ふそく》の員數《ゐんすう》に付《つき》市長《しちやう》抽籤《ちうせん》して解任《かいにん》すべき者《もの》を定《さだ》め闕員《けつゐん》の數《すう》解任《かいにん》を要《えう》する者《もの》の數《すう》を超《こ》ゆるときは解任《かいにん》を要《えう》する者《もの》に充《あ》つべき闕員《けつゐん》は最《もつと》も先《さき》に闕員《けつゐん》と爲《な》りたる者《もの》より順次《じゆんじ》之《これ》に充《あ》て闕員《けつゐん》と爲《な》りたる時《とき》同《おな》じきときは市長《しちやう》抽籤《ちうせん》して之《これ》を定《さだ》む

議員《ぎゐん》の定數《ていすう》に異動《いどう》を生《しやう》じたる爲《ため》解任《かいにん》を要《えう》する者《もの》ある場合《ばあひ》に於《おい》て選擧區《せんきよく》あるときは第《だい》十六條《でう》の市《し》條例《でうれい》中《ちう》に其《そ》の解任《かいにん》を要《えう》する者《もの》の選擧區《せんきよく》を規定《きてい》し市長《しちやう》抽籤《ちうせん》して之《これ》を定《さだ》む但《たゞ》し解任《かいにん》を要《えう》する者《もの》の選擧區《せんきよく》に闕員《けつゐん》ありたるときは其《そ》の闕員《けつゐん》を以《もつ》て之《これ》に充《あ》つべし此《こ》の場合《ばあひ》に於《おい》ては前項《ぜんかう》の例《れい》に依《よ》る

議員《ぎゐん》の定數《ていすう》に異動《いどう》を生《しやう》じたる爲《ため》新《あらた》に選擧《せんきよ》せられたる議員《ぎゐん》は總選擧《そうせんきよ》に依《よ》り選擧《せんきよ》せられたる議員《ぎゐん》の

任期《にんき》満了《まんれう》の日《ひ》迄《まで》在任《ざいにん》す

選擧區《せんきよく》又《また》は其《そ》の配當議員數《はいたうぎゐんすう》の變更《へんかう》ありたる場合《ばあひ》に於《おい》て之《これ》に關《くわん》し必要《ひつえう》なる事項《じかう》は第《だい》十六條《でう》の市條《しでう》例中《れいちう》に之《これ》を規定《きてい》すべし

第二十條　市會議員《しくわいぎゐん》中《ちう》闕員《けつゐん》を生《しやう》じたるときは三月以内《つきいない》に補闕選擧《ほけつせんきよ》を行《おこな》ふべし但《たゞ》し第《だい》三十條《でう》第《だい》二項《かう》の規定《きてい》の適用《てきよう》を受《うけ》たる得票者《とくへうしや》にして當選者《たうせんしや》と爲《な》らざりし者《もの》あるときは直《たゞち》に選擧會《せんきよくわい》を開《ひら》きその者《もの》の中《うち》に就《つ》き當選者《たうせんしや》を定《さだ》むべし此《こ》の場合《ばあひ》に於《おい》ては第《だい》三十三條《でう》第《だい》三項《かう》及《および》第《だい》四項《かう》の規定《きてい》を準用《じゆんよう》す

第《だい》三十三條《でう》第《だい》五項《かう》及《および》第《だい》六項《かう》の規定《きてい》は補闕選擧《ほけつせんきよ》に之《これ》を準用《じゆんよう》す

補闕議員《ほけつぎゐん》は其《そ》の前任者《ぜんにんしや》の殘任期間《ざんにんきかん》在任《ざいにん》す

選擧區《せんきよく》ある場合《ばあひ》に於《おい》ては補闕議員《ほけつぎゐん》は前任者《ぜんにんしや》の選擧《せんきよ》せられたる選擧區《せんきよく》に於《おい》て之《これ》を選擧《せんきよ》すべし

第二十一條　市長《しちやう》は毎年《まいねん》九月《ぐわつ》十五日《にち》の現在《げんざい》に依《よ》り選擧人名簿《せんきよにんめいぼ》を調製《てうせい》すべし但《たゞ》し選擧區《せんきよく》あるときは選擧區《せんきよく》毎《ごと》に之《これ》を調製《てうせい》すべし

第《だい》六條《でう》の市《し》に於《おい》ては市長《しちやう》は區長《くちやう》をして前條《ぜんでう》の例《れい》に依《よ》り選擧人名簿《せんきよにんめいぼ》を調製《てうせい》せしむべし

選擧人名簿《せんきよにんめいに》には選擧人《せんきよにん》の氏名《しめい》、住所《ぢうしよ》及《および》生年月日《せいねんげつぴ》等《とう》を記載《きさい》すべし

第二十一條の二　市長《しちやう》は十一月《ぐわつ》五日《か》より十五日間《にちかん》市役所《しやくしよ》（第《だい》六條《でう》の市《し》に於《おい》ては區役所《くやくしよ》）又《また》は其《そ》の指《し》定《てい》したる場所《ばしよ》に於《おい》て選擧人名簿《せんきよにんめいぼ》を關係者《くわんけいしや》の縱覽《じうらん》に供《きよう》すべし

市長《しちやう》は縱覽開始《じうらんかいし》の日《ひ》前《ぜん》三日目《かめ》迄《まで》に縱覽《じうらん》の場所《ばしよ》を告示《こくじ》すべし

第二十一條の三　選擧人名簿《せんきよにんめいぼ》に關《くわん》し關係者《くわんけいしや》に於《おい》て異議《いぎ》あるときは縱覽期間《じうらんきかん》内《ない》に之《これ》を市長《しちやう》（第《だい》六條《でう》の市《し》に於《おい》ては區長《くちやう》を經《へ》て）に申立《まをした》つることを得《う》此《こ》の場合《ばあひ》に於《おい》ては市長《しちやう》は縱覽期間滿了後《じうらんきかんまんれうご》三日《か》以《い》内《ない》に之《これ》を市會《しくわい》の決定《けつてい》に付《ふ》すべし市會《しくわい》は其《そ》の送付《そうふ》を受《う》けたる日《ひ》より十日《か》以内《いない》に之《これ》を決定《けつてい》すべし

前項《ぜんかう》の決定《けつてい》に不服《ふふく》ある者《もの》は府縣參事會《ふけんさんじくわい》に訴願《そぐわん》し其《そ》の裁決《さいけつ》又《また》は第《だい》三項《かう》の裁決《さいけつ》に不服《ふふく》ある者《もの》は行政《ぎやうせい》裁判所《さいばんしよ》に出訴《しゆつそ》することを得《う》

第《だい》一項《かう》の決定《けつてい》及《および》前項《ぜんかう》の裁決《さいけつ》に付《つき》ては市長《しちやう》よりも訴願《そぐわん》又《また》は訴訟《そしよう》を提起《ていき》することを得《う》

前《ぜん》二項《かう》の裁決《さいけつ》に付《つき》ては府縣知事《ふけんちじ》よりも訴訟《そしよう》を提起《ていき》することを得《う》

第二十一條の四　選擧人名簿《せんきよにんめいぼ》は十二月《ぐわつ》二十五日《にち》を以《もつ》て確定《かくてい》す

選擧人名簿《せんきよにんめいぼ》は次年《じねん》の十二月《ぐわつ》二十四日《か》迄《まで》之《これ》を据置《すゑお》くべし

前條《ぜんでう》の場合《ばあひ》に於《おい》て決定若《けつていもし》くは裁決確定《さいけつかくてい》し又《また》は判決《はんけつ》ありたるに依《よ》り名簿《めいぼ》の修正《しうせい》を要《えう》するときは市《し》長《ちやう》は直《ただち》に之《これ》を修正《しうせい》し第《だい》六條《でう》の市《し》に於《おい》ては區長《くちやう》をして之《これ》を修正《しうせい》せしむべし

選擧人名簿《せんきよにんめいぼ》を修正《しうせい》したるときは市長《しちやう》は直《ただち》に其《そ》の要領《えうりやう》を告示《こくじ》し第《だい》六條《でう》の市《し》に於《おい》ては區長《くちやう》をして之《これ》を修正《しうせい》せしむべし

投票分會《とうへうぶんくわい》を設《まう》くるときは市長《しちやう》は確定名簿《かくていめいぼ》に依《よ》り分會《ぶんくわい》の區劃毎《くくわくごと》に名簿《めいぼ》の抄本《せうほん》を調製《てうせい》すべし第《だい》六條《でう》の市《し》に於《おい》ては區長《くちやう》をして之《これ》を調製《てうせい》せしむべし

第二十一條の五　第《だい》二十一條《でう》の三の場合《ばあひ》に於《おい》て決定若《けつていもし》くは裁決確定《さいけつかくてい》し又《また》は判決《はんけつ》ありたるに依《よ》り選《せん》擧人名簿《きよにんめいぼ》無效《むかう》と爲《な》りたるときは更《さら》に名簿《めいぼ》を調製《てうせい》すべし

天災事變《てんさいじへん》等《とう》の爲《た》め必要《ひつえう》あるときは更《さら》に名簿《めいぼ》を調製《てうせい》すべし

前《ぜん》二項《かう》の規定《きてい》に依《よ》る名簿《めいぼ》の調製《てうせい》、縦覽《じうらん》、確定及異議《かくていおよびいぎ》申立《まをしたて》に對《たい》する市會《しくわい》の決定《けつてい》に關《くわん》する期日及期《きじつおよびき》

間《かん》は府《ふ》縣知事《けんちじ》の定《さだ》むる所《ところ》に依《よ》る

市《し》の廢置《はいち》分合《ぶんがふ》又《また》は境界變更《きやうかいへんかう》ありたる場合《ばあひ》に於《おい》て名簿《めいぼ》に關《くわん》し其《そ》の分合《ぶんがふ》其《そ》の他《た》必要《ひつえう》なる事項《じかう》は命令《めいれい》を以《もつ》て之《これ》を定《さだ》む

第二十二條　市長《しちやう》は選擧《せんきよ》の期日前《きじつぜん》七日《か》（第《だい》三十九條《でう》の二の市《し》に於《おい》ては二十日目《かめ》）迄《まで》に選擧會場《せんきよくわいぢやう》（投《とう》票分會場《へうぶんくわいぢやう》を含《ふく》む以下《いか》之《これ》に同《おな》じ）、投票《とうへう》の日時《にちじ》及選擧《およびせんきよ》すべき議員數《ぎゐんすう》（選擧區《せんきよく》ある場合《ばあひ》に於《おい》ては各選《かくせん》擧區《きよく》に於《おい》て選擧《せんきよ》すべき議員數《ぎゐんすう》）を告示《こくじ》すべし

投票分會《とうへうぶんくわい》を設《まう》くる場合《ばあひ》に於《おい》ては併《あは》せて其《そ》の區劃《くくわく》を告示《こくじ》すべし

總選擧《そうせんきよ》に於《お》ける各選擧區《かくせんきよく》の投票《とうへう》は同日時《どうにちじ》に之《これ》を行《おこな》ふ

投票分會《とうへうぶんくわい》の投票《とうへう》は選擧會《せんきよくわい》と同日時《どうにちじ》に之《これ》を行《おこな》ふ

天災事變《てんさいじへん》等《とう》の爲《ため》投票《とうへう》を行《おこな》ふこと能《あた》はざるとき又《また》は更《さら》に投票《とうへう》を行《おこな》ふの必要《ひつえう》あるときは市長《しちやう》は其《そ》の投票《とうへう》を行《おこな》ふべき選擧會《せんきよくわい》又《また》は投票分會《とうへうぶんくわい》のみに付《つき》更《さら》に期日《きじつ》を定《さだ》め投票《とうへう》を行《おこな》はしむべし此《こ》の場合《ばあひ》に於《おい》て選擧會場《せんきよくわいぢやう》及《および》投票《とうへう》の日時《にちじ》は選擧《せんきよ》の期日前《きじつぜん》五日目《かめ》迄《まで》に之《これ》を告示《こくじ》すべし

第二十三條　市長《しちやう》は選擧長《せんきよちやう》と爲《な》り選擧會《せんきよくわい》を開閉《かいへい》し其《そ》の取締《とりしまり》に任《にん》ず

各選擧區《かくせんきよく》の選擧會《せんきよくわい》は市長《しちやう》又《また》は其《そ》の指名《しめい》したる吏員《りゐん》（第《だい》六條《でう》の市《し》に於《おい》ては區長《くちやう》）選擧長《せんきよちやう》と爲《な》り之《これ》を開閉《かいへい》し其《そ》の取締《とりしまり》に任《にん》ず

市長《しちやう》（第《だい》六條《でう》の市《し》に於《おい》ては區長《くちやう》）は選擧人名簿《せんきよにんめいぼ》に登錄《とうろく》せられたる者《もの》の中《うち》より二人乃至四人《ににんないしにん》の選《せん》擧立會人《きよたちあいにん》を選任《せんにん》すべし但《たゞ》し選擧區《せんきよく》あるときは各別《かくべつ》に選擧立會人《せんきよたちあいにん》を設《まう》くべし

投票分會《とうへうぶんくわい》は市長《しちやう》の指名《しめい》したる吏員《りゐん》投票分會長《とうへうぶんくわいちやう》と爲《な》り之《これ》を開閉《かいへい》し其取締《そのとりしまり》に任《にん》ず

市長《しちやう》（第《だい》六條《でう》の市《し》に於《おい》ては區長《くちやう》）は分會《ぶんくわい》の區劃內《くくわくない》に於《お》ける選擧人名簿《せんきよにんめいぼ》に登錄《とうろく》せられたる者《もの》の中《うち》より二人乃至四人《ににんないしにん》の投票立會人《とうへうたちあいにん》を選任《せんにん》すべし

選擧立會人及投票立會人《せんきよたちあいにんおよびとうへうたちあいにん》は名譽職《めいよしよく》とす

第二十四條　選擧人《せんきよにん》に非《あら》ざる者《もの》は選擧會場《せんきよくわいぢやう》に入《い》ることを得《え》ず但《たゞ》し選擧會場《せんきよくわいぢやう》の事務《じむ》に從事《じうじ》する者《もの》、選擧會場《せんきよくわいぢやう》を監視《かんし》する職權《しよくけん》を有《いう》する者又《ものまた》は警察官吏《けいさつくわんり》は此《こ》の限《かぎり》に在《あ》らず

選擧會場《せんきよくわいぢやう》に於《おい》て演說討論《えんぜつたうろん》を爲《な》し若《も》しくは喧騷《けんさう》に涉《わた》り又《また》は投票《とうへう》に關《くわん》し協議《けふぎ》若《も》しくは勸誘《くわんいう》を爲《な》し其《そ》の他《た》

選擧會場《せんきよくわいぢやう》の秩序《ちつじよ》を紊《みだ》す者《もの》あるときは選擧長《せんきよちやう》又《また》は投票分會長《とうへうぶんくわいちやう》は之《これ》を制止《せいし》し命《めい》に從《したが》はざるときは之《これ》を選擧會場外《せんきよくわいぢやうぐわい》に退出《たいしゆつ》せしむべし

前項《ぜんかう》の規定《きてい》に依《よ》り退出《たいしゆつ》せしめられたる者《もの》は最後《さいご》に至《いた》り投票《とうへう》を爲《な》すことを得《う》但《たゞ》し選擧長《せんきよちやう》又《また》は投票《とうへう》分會長會場《ぶんくわいちやうくわいぢやう》の秩序《ちつじよ》を紊《みだ》すの虞《おそれ》なしと認《みと》むる場合《ばあひ》に於《おい》て投票《とうへう》を爲《な》さしむるを妨《さまた》げず

第二十五條　選擧《せんきよ》は無記名投票《むきめいとうへう》を以《もつ》て之《これ》を行《おこな》ふ

投票《とうへう》は一人《にん》一票《べう》に限《かぎ》る

選擧人《せんきよにん》は選擧《せんきよ》の當日投票時間内《たうじつとうへうじかんない》に自《みづか》ら選擧會場《せんきよくわいぢやう》に到《いた》り選擧人名簿《せんきよにんめいぼ》又《また》は其《そ》の抄本《せうほん》の對照《たいせう》を經《へ》て投《とう》票《へう》を爲《な》すべし

投票時間内《とうへうじかんない》に選擧會場《せんきよくわいぢやう》に入《い》りたる選擧人《せんきよにん》は其《そ》の時間《じかん》を過《す》ぐるも投票《とうへう》を爲《な》すことを得《う》

選擧人《せんきよにん》は選擧會場《せんきよくわいぢやう》に於《おい》て投票用紙《とうへうようし》に自《みづか》ら被選擧人《ひせんきよにん》一人《にん》の氏名《しめい》を記載《きさい》して投函《とうかん》すべし

投票《とうへう》に關《くわん》する記載《きさい》に付《つき》ては勅令《ちよくれい》を以《もつ》て定《さだ》むる點字《てんじ》は之《これ》を文字《もんじ》と看做《みな》す

自《みづか》ら被《ひ》選擧人《せんきよにん》の氏名《しめい》を書《しよ》すること能《あた》はざる者《もの》は投票《とうへう》を爲《な》すことを得《え》ず

投票用紙《とうへうようし》は市長《しちやう》の定《さだ》むる所《ところ》に依《よ》り一定《てい》の式《しき》を用《もち》うべし
選擧區《せんきよく》ある場合《ばあひ》に於《おい》て選擧人名簿《せんきよにんめいぼ》の調製後《てうせいご》選擧人《せんきよにん》の所屬《しよぞく》に異動《いどう》を生《しやう》ずることあるも其《そ》の選擧人《せんきよにん》は前所屬《ぜんしよぞく》の選擧區《せんきよく》に於《おい》て投票《とうへう》を爲《な》すべし
投票分會《とうへうぶんくわい》に於《おい》て爲《な》したる投票《とうへう》は投票分會長少《とうへうぶんくわいちやうすくな》くとも一人《り》の投票立會人《とうへうたちあひにん》と共《とも》に投票函《とうへうばこ》の儘《まゝ》之《これ》を選《せん》擧長《きよちやう》に送致《そうち》すべし

第二十五條の二　確定名簿《かくていめいぼ》に登錄《とうろく》せられざる者《もの》は投票《とうへう》を爲《な》すことを得《え》ず但《たゞ》し選擧人名簿《せんきよにんめいぼ》に登錄《とうろく》せらるべき確定裁決書《かくていさいけつしよ》又《また》は判決書《はんけつしよ》を所持《しよぢ》し選擧《せんきよ》の當日《たうじつ》選擧會場《せんきよくわいぢやう》に到《いた》る者《もの》は此《こ》の限《かぎり》に在《あ》らず
確定名簿《かくていめいぼ》に登錄《とうろく》せられたる者選擧人名簿《ものせんきよにんめいぼ》に登錄《とうろく》せらるることを得《え》ざる者《もの》なるときは投票《とうへう》を爲《な》すことを得《え》ず選擧《せんきよ》の當日選擧權《たうじつせんきよけん》を有《いう》せざる者《もの》なるとき亦同《またおな》じ

第二十五條の三　投票《とうへう》の拒否《きよひ》は選擧立會人《せんきよたちあひにん》又《また》は投票立會人《とうへうたちあひにん》之《これ》を決定《けつてい》す可否同數《かひどうすう》なるときは選擧長《せんきよちやう》又《また》は投票分會長之《とうへうぶんくわいちやうこれ》を決《けつ》すべし
投票分會《とうへうぶんくわい》に於《おい》て投票拒否《とうへうきよひ》の決定《けつてい》を受《う》けたる選擧人不服《せんきよにんふふく》あるときは投票分會長《とうへうぶんくわいちやう》は假《かり》に投票《とうへう》を爲《な》さ

しむべし

前項《ぜんかう》の投票《とうへう》は選擧人《せんきよにん》をして之《これ》を封筒《ふうとう》に入《い》れ封緘《ふうかん》し表面《へうめん》に自《みづか》ら其《そ》の氏名《しめい》を記載《きさい》し投函《とうかん》せしむべし

投票分會長《とうへうぶんくわいちやう》又《また》は投票立會人《とうへうたちあひにん》に於《おい》て異議《いぎ》ある選擧人《せんきよにん》に對《たい》しても亦《また》前《ぜん》二項《かう》に同《おな》じ

第二十六條　第《だい》三十三條《でう》若《もし》くは第《だい》三十七條《でう》の選擧《せんきよ》、増員選擧及《ぞうゐんせんきよおよび》補闕選擧を同時《どうじ》に行《おこな》ふ場合《ばあひ》に於《おい》ては一の選擧《せんきよ》を以《もつ》て合併《がつぺい》して之《これ》を行《おこな》ふ

第二十七條　市長《しちやう》は豫《あらかじ》め開票《かいへう》の日時《にちじ》を告示《こくじ》すべし

第二十七條の二　選擧長《せんきよちやう》は投票《とうへう》の日《ひ》又《また》は其《そ》の翌日《よくじつ》（投票分會《とうへうぶんくわい》を設《まう》けたるときは總《すべ》ての投票函《とうへうばこ》の送《そう》致《ち》を受《う》けたる日《ひ》又《また》は其《そ》の翌日《よくじつ》）選擧立會人《せんきよたちあひにん》立會《たちあひ》の上《うへ》投票《とうへう》函を開《ひら》き投票《とうへう》の總數《そうすう》と投票人《とうへうにん》の總數《そうすう》とを計算《けいさん》すべし

前項《ぜんかう》の計算《けいさん》終《をは》りたるときは選擧長《せんきよちやう》は先《ま》づ第《だい》二十五條《でう》の三第《だい》二項及第《かうおよびだい》四項《かう》の投票《とうへう》を調査《てうさ》すべし其《そ》の投票《とうへう》の受理《じゆり》如何《いかん》は選擧立會人《せんきよたちあひにん》之《これ》を決定《けつてい》す可否同數《かひどうすう》なるときは選擧長《せんきよちやう》之《これ》を決《けつ》すべし

選擧長《せんきよちやう》は選擧立會人《せんきよたちあひにん》と共《とも》に投票《とうへう》を點檢《てんけん》すべし

天災事《てんさいじ》變等《へんとう》の爲《ため》開票《かいへう》を行《おこな》ふこと能《あた》はざるときは市《し》長《ちやう》は更《さら》に開選《かいせん》の期日《きじつ》を定《さだ》むべし此《こ》の場合《ばあひ》に於《おい》て選擧會場《せんきよくわいぢやう》の變更《へんかう》を要《えう》するときは豫《あらかじ》め更《さら》に其《そ》の場所《ばしよ》を告示《こくじ》すべし

第二十七條の三　選擧人《せんきよにん》は其《そ》の選擧會《せんきよくわい》の參觀《さんくわん》を求《もと》むることを得《う》但《たゞ》し開票開始前《かいへうかいしぜん》は此《この》の限《かぎ》りに在《あ》らず

第二十七條の四　特別《とくべつ》の事情《じじやう》あるときは市《し》は府縣知事《ふけんちじ》の許可《きよか》を得《え》區劃《くくわく》を定《さだ》めて開票分會《かいへうぶんくわい》を設《まう》くることを得《う》

前項《ぜんかう》の規定《きてい》に依《よ》り開票分會《かいへうぶんくわい》を設《まう》くる場合《ばあひ》に於《おい》て必要《ひつえう》なる事項《じかう》は命令《めいれい》を以《もつ》て之《これ》を定《さだ》む

第二十八條　左《さ》の投票《とうへう》は之《これ》を無效《むかう》とす

一　成規《せいき》の用紙《ようし》を用《もち》ゐざるもの
二　現《げん》に市會議員《しくわいぎゐん》の職《しよく》に在《あ》る者《もの》の氏名《しめい》を記載《きさい》したるもの
三　一投票中《とうへうちう》二人以上《にんいじやう》の被選擧人《ひせんきよにん》の氏名《しめい》を記載《きさい》したるもの
四　被選擧人《ひせんきよにん》の何人《なんびと》たるかを確認《かくにん》し難《かた》きもの

五　被《ひ》選擧權《せんきよけん》なき者《もの》の氏名《しめい》を記載《きさい》したるもの

六　被《ひ》選擧人《せんきよにん》の氏名《しめい》の外他事《ほかたじ》を記入《きにふ》したるもの但《たゞ》し爵位《しやくゐ》職業《しよくげふ》身分《みぶん》住所《ぢうしよ》又《また》は敬稱《けいしよう》の類《るゐ》を記入《きにふ》したるものは此《こ》の限《かぎ》りに在《あ》らず

七　被《ひ》選擧人《せんきよにん》の氏名《しめい》を自署《じしよ》せざるもの

第二十九條　投票《とうへう》の效力《かうりよく》は選擧立會人《せんきよたちあひにん》之《これ》を決定《けつてい》す可否同數《かひどうすう》なるときは選擧長《せんきよちやう》之《これ》を決《けつ》すべし

選擧分會《せんきよぶんくわい》に於《おい》ける投票《とうへう》の拒否《きよひ》は其《そ》の選擧立會人《せんきよたちあひにん》之《これ》を決定《けつてい》す可否同數《かひどうすう》なるときは分會長《ぶんくわいちやう》之《これ》を決《けつ》すべし

第三十條　市會議員《しくわいぎゐん》の選擧《せんきよ》は有效投票《いうかうとうへう》の最多數《さいたすう》を得《え》たる者《もの》を以《もつ》て當選者《たうせんしや》とす但《たゞ》し議員《ぎゐん》の定數《ていすう》（選擧區《せんきよく》ある場合《ばあひ》に於《おい》ては其《そ》の選擧區《せんきよく》の配當議員數《はいたうぎゐんすう》）を以《もつ》て有效投票《いうかうとうへう》の總數《そうすう》を除《ぢよ》して得《え》たる數《すう》の六分《ぶん》の一以上《いじやう》の得票《とくへう》あることを要《えう》す

前項《ぜんかう》の規定《きてい》に依《よ》り當選者《たうせんしや》を定《さだ》むるに當《あた》り得票《とくへう》の數《すう》同《おな》じきときは年長者《ねんちやうしや》を取《と》り年齡《ねんれい》同《おな》じきときは選擧長《せんきよちやう》抽籤《ちうせん》して之《これ》を定《さだ》むべし

第三十條の二　當選者《たうせんしや》選擧《せんきよ》の期日後《きじつご》に於《おい》て被選擧權《ひせんきよけん》を有《いう》せざるに至《いた》りたるときは當選《たうせん》を失《うしな》ふ

第三十一條　選擧長《せんきよちやう》は選擧錄《せんきよろく》を作《つく》り選擧會《せんきよくわい》に關《くわん》する顚末《てんまつ》を記載《きさい》し之《これ》を朗讀《らうどく》し二人以上《にんいじやう》の選擧立會《せんきよたちあひ》人《にん》と共《とも》に之《これ》に署名《しよめい》すべし

各選擧區《かくせんきよく》の選擧長《せんきよちやう》は選擧錄《せんきよろく》（第《だい》六條《でう》の市《し》に於《おい》ては其《そ》の寫《うつし》）を添《そ》へ當選者《たうせんしや》の住所《ぢうしよ》氏名《しめい》を市長《しちやう》に報《はう》告《こく》すべし

投票分會長《とうへうぶんくわいちやう》は投票錄《とうへうろく》を作《つく》り投票《とうへう》に關《くわん》する顚末《てんまつ》を記載《きさい》し之《これ》を朗讀《らうどく》し二人以上《にんいじやう》の投票立會人《とうへうたちあひにん》と共《とも》に之《これ》に署名《しよめい》すべし

投票分會長《とうへうぶんくわいちやう》は投票函《とうへうはこ》と同時《どうじ》に投票錄《とうへうろく》を選擧長《せんきよちやう》に送致《そうち》すべし

選擧錄及投票錄《せんきよろくおよびとうへうろく》は投票《とうへう》、選擧人名簿《せんきよにんめいぼ》其《そ》の他《た》の關係書類《くわんけいしよるゐ》と共《とも》に議員《ぎゐん》の任期《にんき》間《かん》市長《しちやう》（第《だい》六條《でう》の市《し》に於《おい》ては區長《くちやう》）に於《おい》て之《これ》を保存《ほぞん》すべし

第三十二條　當選者《たうせんしや》定《さだ》まりたるときは市長《しちやう》は直《ただち》に當選者《たうせんしや》に當選《たうせん》の旨《むね》を告知《こくち》し（第《だい》六條《でう》の市《し》に於《おい》ては區長《くちやう》をして之《これ》を告知《こくち》せしめ）同時《どうじ》に當選者《たうせんしや》の住所《ぢうしよ》氏名《しめい》を告示《こくじ》し且選擧錄《かつせんきよろく》の寫《うつし》（投票錄《とうへうろく》あると

きは併《あは》せて投票録《とうへうろく》の寫《うつし》）を添《そ》へ之《これ》を府縣知事《ふけんちじ》に報告《はうこく》すべし

當選者《たうせんしや》なきときは直《たゞ》に其《そ》の旨《むね》を告示《こくじ》し且《かつ》選擧録《せんきようろく》の寫《うつし》（投票録《とうへうろく》あるときは併《およ》せて投票録《とうへうろく》の寫《うつし》）を添《そ》へ之《これ》を府縣知事《ふけんしじ》に報告《はうこく》すべし

當選者《たうせんしや》當選《たうせん》を辭《じ》せむとするときは當選《たうせん》の告知《こくち》を受《う》けたる日《ひ》より五日以内《かいない》に市長《しちやう》に申立《まをした》つべし

一人《にん》にして數選擧區《すうせんきよく》に於《たい》て當選《たうせん》したるときは最終《さいしう》に當選《たうせん》の告知《こくち》を受《う》けたる日《ひ》より五日以内《かいない》に何《いづ》れの當選《たうせん》に應《おう》すべきかを市長《しちやう》に申立《まをした》つべし其《そ》の期間内《きかんたい》に之《これ》を申立《まをした》てざるときは市長抽籤《しちやうちうせん》して之《これ》を定《さだ》む

官吏《くわんり》にして當選《たうせん》したる者《もの》は所屬長官《しよぞくちやうくわん》の許可《きよか》を受《う》くるに非《あら》ざれば之《これ》に應《おう》ずることを得《え》ず

前項《ぜんかう》の官吏《くわんり》は當選《たうせん》の告知《こくち》を受《う》けたる日《ひ》より二十日以内《かいない》に之《これ》に應《おう》ずべき旨《むね》を市長《しちやう》に申立《まをした》てざるときは其《そ》の當選《たうせん》を辭《じ》したるものと看做《みな》す第《だい》三項《かう》の場合《はあひ》に於《おい》て何《いづ》れの當選《たうせん》に應《おう》ずべきかを申立《まをした》てざるときは總《すべ》て之《これ》を辭《じ》したるものと看做《みな》す

市《し》に對《たい》し請負《うけおひ》を爲《な》し又《また》は市《し》に於《おい》て費用《ひよう》を負擔《ふたん》する事業《じげふ》に付《つき》市長若《しちやうも》しくは其《そ》の委任《ゐにん》を受《う》けたるもの

に對《たい》し請負《うけおひ》を爲《な》す者若《ものもし》くは其《そ》の支配人《しはいにん》又《また》は主《しゅ》として同一《どういつ》の行爲《かうゐ》を爲《な》す法律《はふりつ》の無限責任社員《むげんせきにんしやゐん》、役《やく》員若《ゐんもし》くは支配人《しはいにん》にして當選《たうせん》したる者《もの》は其《そ》の請負《うけおひ》を罷《や》め又《また》は請負《うけおひ》を爲《な》す者《もの》の支配人若《しはいにんもし》くは主《しゅ》として同一《どういつ》の行爲《かうゐ》を爲《な》す法人《はふじん》の無限責任社員《むげんせきにんしやゐん》、役員若《やくゐんもし》くは支配人《しはいにん》たることなきに至《いた》るに非《あら》ざれば當《たう》選《せん》に應《おう》ずることを得《え》ず第《だい》二項《かう》又《また》は第《だい》三項《かう》の期限前《きげんぜん》に其《そ》の旨《むね》を市長《しちやう》に申立《まをした》てざるときは其《そ》の當選《たうせん》を辭《じ》したるものと看做《みな》す

前項《ぜんかう》の役員《やくゐん》とは取締役《とりしまりやく》、監査役及之《かんさやくおよびこれ》に準《じゆん》ずべき者竝《ものならび》に清算人《せいさんにん》を謂《い》ふ

第三十三條　當選者《たうせんしや》左《さ》に掲《かゝ》ぐる事由《じいう》の一《いつ》に該當《がいたう》するときは三月以内《つきいない》に更《さら》に選擧《せんきよ》を行《おこな》ふべし但《たゞ》し第《だい》二項《かう》の規定《きてい》に依《よ》り更《さら》に選擧《せんきよ》を行《おこな》ふことなくして當選者《たうせんしや》を定《さだ》め得《う》る場合《ばあひ》は此《こ》の限《かぎ》りに在《あ》らず

一　當選《たうせん》を辭《じ》したるとき

二　數選擧區《すうせんきよく》に於《おい》て當選《たうせん》したる場合《ばあひ》に於《おい》て前條第《ぜんでうだい》三項《かう》の規定《きてい》に依《よ》り一の選擧區《せんきよく》の當選《たうせん》に應《おう》じ又《また》は抽籤《ちうせん》に依《よ》り一の選擧區《せんきよく》の當選者《たうせんしや》と定《さだ》まりたる爲《ため》他《た》の選擧區《せんきよく》に於《おい》て當選者《たうせんしや》たらざるに至《いた》りたるとき

三　第《だい》三十條《でう》の二の規定《きてい》に依《よ》り當選《たうせん》を失《うしな》ひたるとき

四　死亡者《しばうしや》なるとき

五　選擧《せんきよ》に關《くわん》する犯罪《はんざい》に依《よ》り刑《けい》に處《しよ》せられ其《そ》の當選無效《たうせんむかう》となりたるとき但《たゞ》し同一人《どういちにん》に關《くわん》し前各《ぜんかく》號《がう》の事由《じいう》に依《よ》る選擧又《せんきよまた》は補缺選擧《ほけつせんきよ》の告示《こくじ》を爲《な》したる場合《ばあひ》は此《こ》の限《かぎ》りに在《あ》らず

前項《ぜんかう》の事由《じゆう》前條第《ぜんでうだい》二項《かう》、第《だい》三項若《かうも》しくは第《だい》五項《かう》の規定《きてい》に依《よ》る期限前《きげんぜん》に生《しやう》じたる場合《ばあひ》に於《おい》て第《だい》三十條第《でうだい》一項但書《かうたゞしがき》の得票者《とくへうしや》にして當選者《たうせんしや》と爲《な》らざりし者《もの》あるとき又《また》は其《そ》の期限經過後《きげんけいくわご》に生《しやう》じたる場合《ばあひ》に於《おい》て第《だい》三十條第《でうだい》二項《かう》の規定《きてい》の適用《てきよう》を受《う》けたる得票者《とくへうしや》にして當選者《たうせんしや》と爲《な》らざりし者《もの》あるときは直《たゞち》に選擧會《せんきよくわい》を開《ひら》き其《そ》の者《もの》の中《うち》に就《つ》き當選者《たうせんしや》を定《さだ》むべし

前項《ぜんかう》の場合《ばあひ》に於《おい》て第《だい》三十條第《でうだい》一項但書《かうたゞしがき》の得票者《とくへうしや》に於《おい》て當選者《たうせんしや》と爲《な》らざりし者選擧《ものせんきよ》の期日後《きじつご》に於《おい》て被選擧權《ひせんきよけん》を有《いう》せざるに至《いた》りたるときは之《これ》を當選者《たうせんしや》と定《さだ》むることを得《え》ず

第《だい》二項《かう》の場合《ばあひ》に於《おい》ては市長《しちやう》は豫《あらかじ》め選擧會《せんきよくわい》の場所及日時《ばしよおよびにちじ》を告示《こくじ》すべし

第《だい》一項《かう》の期間《きかん》は第《だい》三十六條第《でうだい》八項《かう》の規定《きてい》の適用《てきよう》ある場合《ばあひ》に於《おい》ては選擧《せんきよ》を行《おこな》ふことを得《え》ざる事由《じいう》

已《や》みたる日《ひ》の翌日《よくじつ》より之《これ》を起算《きさん》す
第《だい》一項《かう》の事由《じいう》議員《ぎゐん》の任期滿了前《にんきまんれうぜん》六月以内《つきいない》に生《しやう》じたるときは第《だい》一項《かう》の選擧《せんきよ》は之《これ》を行《おこな》はず但《たゞ》し議員《ぎゐん》の數《すう》其《そ》の定數《ていすう》の三分《ぶん》の二に滿《み》たざるに至《いた》りたるときは此《こ》の限《かぎ》りに在《あ》らず

第三十四條　第《だい》三十二條第《でうだい》二項《かう》の期間《きかん》を經過《けいくわ》したるとき、同條第《どうでうだい》三項若《かうも》しくは第《だい》五項《かう》の申立《まうしたて》ありたるとき又《また》は同條第《どうでうだい》三項《かう》の規定《きてい》に依《よ》り抽籤《ちうせん》を爲《な》したるときは市長《しちやう》は直《たゞ》に當選者《たうせんしや》の住所氏名《ぢうしよしめい》を告示《こくじ》し併《あは》せて之《これ》を府縣知事《ふけんちじ》に報告《はうこく》すべし
當選者《たうせんしや》なきに至《いた》りたるとき又《また》は當選者《たうせんしや》其《そ》の選擧《せんきよ》に於《お》ける議員《ぎゐん》の定數《ていすう》に達《たつ》せざるに至《いた》りたるときは市長《しちやう》は直《たゞ》に其《そ》の旨《むね》を告示《こくじ》し併《あは》せて之《これ》を府縣知事《ふけんちじ》に報告《はうこく》すべし

第三十五條　選擧《せんきよ》の規定《きてい》に違反《ゐはん》することあるときは選擧《せんきよ》の結果《けつくわ》に異動《いどう》を生《しやう》ずるの虞《おそれ》ある場合《ばあひ》に限《かぎ》り其《そ》の選擧《せんきよ》の全部《ぜんぶ》又《また》は一部《ぶ》を無效《むかう》とす但《たゞ》し當選《たうせん》に異動《いどう》を生《しやう》ずるの虞《おそれ》なき者《もの》を區分《くぶん》し得《う》るときは其《そ》の者《もの》に限《かぎ》り當選《たうせん》を失《うしな》ふことなし

第三十六條　選擧人《せんきよにん》選擧《せんきよ》又《また》は當選《たうせん》の效力《かうりよく》に關《くわん》し異議《いぎ》あるときは選擧《せんきよ》に關《くわん》しては選擧《せんきよ》の日《ひ》より當選《たうせん》

に關《くわん》しては第《だい》三十二條《でう》第《だい》一項又《かうまた》は第《だい》三十四條《でう》第《だい》二項《かう》の告示《こくじ》の日《ひ》より七日《か》以内《いない》に之《これ》を市長《しちやう》に申立《まをした》つることを得《う》此《こ》の場合《ばあひ》に於《おい》ては市長《しちやう》は七日《か》以内《いない》に市會《しくわい》の決定《けつてい》に付《ふ》すべし市會《しくわい》は其《そ》の送付《そうふ》を受《う》けたる日《ひ》より十四日《か》以内《いない》に之《これ》を決定《けつてい》すべし

前項《ぜんかう》の決定《けつてい》に不服《ふふく》ある者《もの》は府縣參事會《ふけんさんじくわい》に訴願《そぐわん》することを得《う》

府縣知事《ふけんちじ》は選擧又《せんきよまた》は當選《たうせん》の效力《かうりよく》に關《くわん》し異議《いぎ》あるときは選擧《せんきよ》に關《くわん》しては第《だい》三十二條《でう》第《だい》一項《かう》の報告《はうこく》を受《う》けたる日《ひ》より選擧《せんきよ》に關《くわん》しては第《だい》三十二條第《でうだい》一項又《かうまた》は第《だい》三十四條《でう》第《だい》二項《かう》の報告《はうこく》を受《う》けたる日《ひ》より二十日《か》以内《いない》に之《これ》を府縣參事會《ふけんさんじくわい》の決定《けつてい》に付《ふ》することを得《う》

前項《ぜんかう》の決定《けつてい》ありたるときは同《どう》一事件《じけん》に付爲《つきな》したる異議《いぎ》の申立及《まをしたておよび》市會《しくわい》の決定《けつてい》は無效《むかう》とす

第《だい》二項若《かうもし》くは第《だい》六項《かう》の裁決又《さいけつまた》は第《だい》三項《かう》の決定《けつてい》に不服《ふふく》ある者《もの》は行政裁判所《ぎやうせいさいばんしよ》に出訴《しゆつそ》することを得《う》

第《だい》一項《かう》の決定《けつてい》に付《つい》ては市長《しちやう》よりも訴願《そぐわん》を提起《ていき》することを得《う》

第《だい》二項若《かうもし》くは前項《ぜんかう》の裁決又《さいけつまた》は第《だい》三項《かう》の決定《けつてい》に付《つい》ては府縣知事又《ふけんちじまた》は市長《しちやう》よりも訴訟《そしよう》を提起《ていき》することを得《う》

第《だい》二十條《でう》、第《だい》三十三條《でう》又《また》は第《だい》三十七條《でう》第《だい》一項《かう》若《も》くは第《だい》三項《かう》の選擧《せんきよ》は之《これ》に關係《くわんけい》ある選擧《せんきよ》又《また》は當選《たうせん》に關《くわん》する異議《いぎ》申立期間《まをしたてきかん》、異議《いぎ》の決定《けってい》若《も》くは訴願《そぐわん》の裁決確定《さいけつかくてい》せざる間《あひだ》又《また》は訴訟《そしやう》の繫屬《けいぞく》する間《あひだ》之《これ》を行《おこな》ふことを得《え》ず

市會議員《しくわいぎゐん》は選擧《せんきよ》又《また》は當選《たうせん》に關《くわん》する決定《けってい》若《も》くは裁決確定《さいけつかくてい》し又《また》は判決《はんけつ》ある迄《まで》は會議《くわいぎ》に列席《れつせき》し議事《ぎじ》に參與《さんよ》するの權《けん》を失《うしな》はず

第三十七條　選擧無效《せんきよむかう》と確定《かくてい》したるときは三月以內《つきいない》に更《さら》に選擧《せんきよ》を行《おこな》ふべし

當選無效《たうせんむかう》と確定《かくてい》したるときは直《たゞち》に選擧會《せんきよくわい》を開《ひら》き更《さら》に當選者《たうせんしや》を定《さだ》むべし此《こ》の場合《ばあひ》に於《おい》ては第《だい》三十三條《でう》第《だい》三項及第《かうおよびだい》四項《かう》の規定《きてい》を準用《じゆんよう》す

當選者《たうせんしや》なきとき、當選者《たうせんしや》なきに至《いた》りたるとき又《また》は當選者其《たうせんしやそ》の選擧《せんきよ》に於《お》ける議員《ぎゐん》の定數《ていすう》に達《たっ》せざるとき若《も》くは定數《ていすう》に達《たっ》せざるに至《いた》りたるときは三月以內《つきいない》に更《さら》に選擧《せんきよ》を行《おこな》ふべし

第《だい》三十三條《でう》第《だい》五項及第《かうおよびだい》六項《かう》の規定《きてい》は第《だい》一項及前項《かうおよびぜんかう》の選擧《せんきよ》に之《これ》を準用《じゆんよう》す

第三十八條　市會議員被選擧權《しくわいぎゐんひせんきよけん》を有《いう》せざる者《もの》なるとき又《また》は第《だい》三十二條《でう》第《だい》六項《かう》に揭《かゝ》ぐる者《もの》なるとき

は其《そ》の職《しよく》を失《うしな》ふ其《そ》の被《ひ》選擧《せんきよ》權《けん》の有無《うむ》又《また》は第《だい》三十二條《でう》第《だい》六項《かう》に揭《かゝ》ぐる者《もの》に該當《がいたう》するや否《いな》やは市會《しくわい》議員《ぎゐん》が左《さ》の各號《かくがう》の一に該當《がいたう》するに因《よ》り被《ひ》選擧《せんきよ》權《けん》を有《いう》せざる場合《ばあひ》を除《のぞ》くの外《ほか》市會《しくわい》之《これ》を決《けつ》す

一　禁治《きんち》產者《さんしや》又《また》は準禁治《じゆんきんち》產者《さんしや》と爲《な》りたるとき

二　破產者《はさんしや》と爲《な》りたるとき

三　禁錮《きんこ》以上《いじやう》の刑《けい》に處《しよ》せられたるとき

四　選擧《せんきよ》に關《くわん》する犯罪《はんざい》に依《よ》り罰金《ばつきん》の刑《けい》に處《しよ》せられたるとき

市長《しちやう》は市會議員《しくわいぎゐん》中《ちう》被選擧權《ひせんきよけん》を有《いう》せざる者《もの》又《また》は第《だい》三十二條《でう》第《だい》六項《かう》に揭《かゝ》ぐる者《もの》ありと認《みと》むるときは之《これ》を市會《しくわい》の決定《けつてい》に付《ふ》すべし市會《しくわい》は其《そ》の送付《そうふ》を受《う》けたる日《び》より十四日以內《かいない》に之《これ》を決定《けつてい》すべし

第《だい》一項《かう》の決定《けつてい》を受《う》けたる者《もの》其《そ》の決定《けつてい》に不服《ふふく》あるときは府縣參事會《ふけんさんじくわい》に訴願《そぐわん》し其《そ》の裁決《さいけつ》又《また》は第《だい》四項《かう》の裁決《さいけつ》に不服《ふふく》あるときは行政裁判所《ぎやうせいさいばんしよ》に出訴《しゆつそ》することを得《う》

第《だい》一項《かう》の決定《けつてい》及《および》前項《ぜんかう》の裁決《さいけつ》に付《つい》ては市長《しちやう》よりも訴願《そぐわん》又《また》は訴訟《そしよう》を提起《ていき》することを得《う》

前《ぜん》二項《かう》の裁決《さいけつ》に付《つい》ては府縣知事《ふけんちじ》よりも訴訟《そしよう》を提起《ていき》することを得《う》

第《だい》三十六條第《でうだい》九項《かう》の規定《きてい》は第《だい》一項及前《かうおよびぜん》三項《かう》の場合《ばあひ》に之《これ》を準用《じゆんよう》す
第《だい》一項《かう》の決定《けってい》は文書《ぶんしよ》を以《もっ》て之《これ》を爲《な》し其《そ》の理由《りいう》を附《ふ》し之《これ》を本人《ほんにん》に交付《かうふ》すべし

第三十九條　第《だい》二十一條《でう》の三及第《およびだい》三十六條《でう》の場合《ばあひ》に於《おい》て府縣參事會《ふけんさんじくわい》の決定及裁決《けっていおよびさいけつ》は府縣知事《ふけんちじ》、市《し》會《くわい》の決定《けってい》は市長直《しちやうただち》に之《これ》を告示《こくじ》すべし

第三十九條の二　勅令《ちよくれい》を以《もっ》て指定《してい》する市《し》（第《だい》六條《でう》の市《し》の區《く》を含《ふく》む）の市會議員《しくわいぎゐん》（又《また》は區會議員《くくわいぎゐん》）の選擧《せんきよ》に付《つい》ては府縣制第《ふけんせいだい》十三條《でう》の二、第《だい》十三條《でう》の三、第《だい》二十九條《でう》の三及第《およびだい》三十四條《でう》の二の規定《きてい》を準用《じゆんよう》す此《こ》の場合《ばあひ》に於《おい》ては第《だい》二十三條第《でうだい》三項及第《かうおよびだい》五項《かう》、第《だい》二十五條第《でうだい》五項及第《かうおよびだい》七項第《かうだい》二十五條《でう》の三、第《だい》二十八條《でう》、第《だい》二十九條《でう》、第《だい》三十三條第《でうだい》一項竝《かうならび》に第《だい》三十六條第《でうだい》一項《かう》の規定《きてい》に拘《かゝは》らず勅令《ちよくれい》を以《もっ》て特別《とくべつ》の規定《きてい》を設《まう》くることを得《う》

第三十九條の三　前條《ぜんでう》の規定《きてい》に依《よ》る選擧《せんきよ》に付《つい》ては衆議院議員選擧法第《しうぎゐんぎゐんせんきよはふだい》十章及第《しやうおよびだい》十一章竝《しやうならび》に第《だい》百四十條第《でうだい》二項第《かうだい》百四十二條《でう》の規定《きてい》を準用《じゆんよう》す但《たゞ》し議員候補者《ぎゐんこうほしや》一人《にん》に付定《つきさだ》むべき選擧事務所《せんきよじむしよ》の數《すう》、選《せん》擧委員及選擧事務員《きよゐゐんおよびせんきよじむゐん》の數竝《すうならび》に選擧運動《せんきよunどう》の費用《ひよう》の額《がく》に關《くわん》しては勅令《ちよくれい》の定《さだ》むる所《ところ》に依《よ》る

前條《ぜんでう》の規定《きてい》に依《よ》る選擧《せんきよ》を除《のぞ》くの外《ほか》市《し》會議員《くわいぎゐん》（又《また》は第《だい》六條《でう》の市《し》の區《く》の區會議員《くくわいぎゐん》）の選擧《せんきよ》に付《つき》ては衆議院議員選擧法《しうぎゐんぎゐんせんきよはふ》第《だい》九十一條《でう》、第《だい》九十二條《でう》、第《だい》九十八條《でう》、第《だい》九十九條《でう》第《だい》二項《かう》、第《だい》百條《でう》及《および》第《だい》百四十二條《でう》の規定《きてい》を準用《じゆんよう》す

第四十條　本法《ほんはふ》又《また》は本法《ほんはふ》に基《もと》きて發《はつ》する勅令《ちよくれい》に依《よ》り設置《せつち》する議會《ぎくわい》の議員選擧《ぎゐんせんきよ》に付《つき》ては衆議院議員《しうぎゐんぎゐん》に關《くわん》する罰則《ばつそく》を準用《じゆんよう》す

第二款　職務權限

第四十一條　市《し》會《くわい》は市《し》に關《くわん》する事件《じけん》及法律勅令《およびはふりつちよくれい》に依《よ》り其《そ》の權限《けんげん》に屬《ぞく》する事件《じけん》を議決《ぎけつ》す

第四十二條　市《し》會《くわい》の議決《ぎけつ》すべき事件《じけん》の概目《がいもく》左《さ》の如《ごと》し

一　市條例《しでうれい》及《および》市規則《しきそく》を設《まう》け又《また》は改廢《かいはい》する事《こと》

二　市費《しひ》を以《もつ》て支辨《しべん》すべき事業《じげふ》に關《くわん》する事《こと》但《たゞ》し第《だい》九十三條《でう》の事務《じむ》及法律勅令《およびはふりつちよくれい》に規定《きてい》あるものは此《こ》の限《かぎり》に在《あ》らず

三　歳入出豫算《さいにふしゆつよさん》を定《さだ》むる事《こと》

四　決算報告《けつさんはうこく》を認定《にんてい》する事《こと》

五　法令《はふれい》に定《さだ》むるものを除《のぞ》くの外使用料《ほかしようれう》、手数料《てすうれう》、加入金《かにふきん》、市税又《しぜいまた》は夫役現品《ふえきげんぴん》の賦課徴収《ふくわちやうしう》に關《くわん》する事《こと》

六　不動産《ふどうさん》の管理處分及取得《くわんりしよぶんおよびしゆとく》に關《くわん》する事《こと》

七　基本財産及積立金穀等《きほんざいさんおよびつみたてきんこくとう》の設置管理及處分《せつちくわんりおよびしよぶん》に關《くわん》する事《こと》

八　歳入出豫算《さいにふしゆつよさん》を以《もつ》て定《さだ》むるものを除《のぞ》くの外新《ほかあらた》に義務《ぎむ》の負擔《ふたん》を爲《な》し及權利《およびけんり》の拋棄《はうき》を爲《な》す事《こと》

九　財産及營造物《ざいさんおよびえいざうぶつ》の管理方法《くわんりはうはふ》を定《さだ》むる事但《ことたゞ》し法律勅令《はふりつちよくれい》に規定《きてい》あるものは此《こ》の限《かぎり》に在《あ》らず

十　市吏員《しりゐん》の身元保證《みもとほしよう》に關《くわん》する事《こと》

十一　市《し》に係《かゝ》る訴願訴訟及和解《そぐわんそしようおよびわかい》に關《くわん》する事《こと》

第四十三條　市會《しくわい》は其《そ》の權限《けんげん》に屬《ぞく》する事項《じかう》の一部《ぶ》を市參事會《しさんじくわい》に委任《ゐにん》することを得《う》

第四十四條　市會《しくわい》は法律勅令《はふりつちよくれい》に依《よ》り其《そ》の權限《けんげん》に屬《ぞく》する選擧《せんきよ》を行《おこな》ふべし

第四十五條　市會《しくわい》は市《し》の事務《じむ》に關《くわん》する書類及計算書《しよるゐおよびけいさんしよ》を檢閲《けんえつ》し市長《しちやう》の報告《はうこく》を請求《せいきう》して事務《じむ》の管理《くわんり》議《ぎ》

決《けつ》の執行《しつかう》及《および》出納《すゐたふ》を検査《けんさ》することを得《う》

市會《しくわい》は議員《ぎゐん》中《ちう》より委員《ゐゐん》を選擧《せんきよ》し市長《しちやう》又《また》は其《そ》の指名《しめい》したる吏員《りゐん》立會《たちあひ》の上《うへ》實地《じつち》に就《つ》き前項《ぜんかう》市會《しくわい》の權《けん》限《げん》に屬《ぞく》する事件《じけん》を行《おこな》はしむることを得《う》

第四十六條　市會《しくわい》は市《し》の公益《こうえき》に關《くわん》する事件《じけん》に付《つき》意見書《いけんしよ》を市長《しちやう》又《また》は監督官廳《かんとくくわんちやう》に提出《ていしゆつ》することを得《う》

第四十七條　市會《しくわい》は行政廳《ぎやうせいちやう》の諮問《しもん》あるときは意見《いけん》を答申《たふしん》すべし

市會《しくわい》の意見《いけん》を徴《ちやう》して處分《しよぶん》を爲《な》すべき場合《ばあひ》に於《たい》て市會《しくわい》成立《せいりつ》せず、招集《せうしふ》に應《おう》ぜず若《も》しくは意見《いけん》を提出《ていしゆつ》せず又《また》は市會《しくわい》を招集《せうしふ》すること能《あた》はざるときは當該《たうがい》行政廳《ぎやうせいちやう》は其《そ》の意見《いけん》を俟《ま》たずして直《たゞち》に處分《しよぶん》を爲《な》すことを得《え》

第四十八條　市會《しくわい》は議員《ぎゐん》中《ちう》より議長《ぎちやう》及《および》副議長《ふくぎちやう》一人《り》を選擧《せんきよ》すべし

議長《ぎちやう》及《および》副議長《ふくぎちやう》の任期《にんき》は議員《ぎゐん》の任期《にんき》に依《よ》る

第四十九條　議長《ぎちやう》故障《こしやう》あるときは副議長《ふくぎちやう》之《これ》に代《か》はり議長《ぎちやう》及《および》副議長《ふくぎちやう》共《とも》に故障《こしやう》あるときは臨時《りんじ》に假議《かりぎ》長《ちやう》を選擧《せんきよ》すべし

前項《ぜんかう》假議長《かりぎちやう》の選擧《せんきよ》に付《つき》ては年長《ねんちやう》の議員《ぎゐん》議長《ぎちやう》の職務《しよくむ》を代理《だいり》す年齢《ねんれい》同《おな》じきときは抽籤《ちうせん》を以《もつ》て之《これ》を定《さだ》む

第五十條　市《し》長《ちやう》及《および》其《そ》の委《ゐ》任《にん》又《また》は囑託《しよくたく》を受《う》けたる者《もの》は會議《くわいぎ》に列席《れつせき》して議事《ぎじ》に參與《さんよ》することを得《う》但《たゞ》し議決《ぎけつ》に加《くは》はることを得《え》ず

前項《ぜんかう》の列席者《れつせきしや》發言《はつけん》を求《もと》むるときは議長《ぎちやう》は直《たゞち》に之《これ》を許《ゆる》すべし但《たゞ》し之《これ》が爲《ため》議員《ぎゐん》の演說《えんぜつ》を中止《ちうし》せしむることを得《え》ず

第五十一條　市《し》會《くわい》は市《し》長《ちやう》之《これ》を招集《せうしふ》す議員《ぎゐん》定數《ていすう》三分《よん》の一以上《いじやう》の請求《せいきう》あるときは市《し》長《ちやう》は之《これ》を招集《せうしふ》すべし

市《し》長《ちやう》は必要《ひつえう》ある場合《ばあひ》に於《おい》ては會期《くわいき》を定《さだ》めて市《し》會《くわい》を招集《せうしふ》することを得《う》

招集《せうしふ》及《および》會議《くわいぎ》の事件《じけん》は開會《かいくわい》の日《ひ》前《ぜん》三日目《かめ》迄《まで》に之《これ》を告知《こくち》すべし但《たゞ》し急施《きふし》を要《えう》する場合《ばあひ》は此《こ》の限《かぎり》に在《あ》らず

市《し》會《くわい》開會《かいくわい》中《ちう》急施《きふし》を要《えう》する事件《じけん》あるときは市《し》長《ちやう》は直《たゞち》に之《これ》を其《そ》の會議《くわいぎ》に付《ふ》することを得《う》

會議《くわいぎ》に付《ふ》する日前《ひぜん》三日目《かめ》前迄《ぜんまで》に告知《こくち》を爲《な》したる事件《じけん》に付亦同《つきまたおな》じ

市會《しくわい》は市長之《しちやうこれ》を開閉《かいへい》す

第五十二條　市會《しくわい》は議員定數《ぎゐんていすう》の半數以上出席《はんすういじやうしゆつせき》するに非《あら》ざれば會議《くわいぎ》を開《ひら》くことを得《え》ず但《たゞ》し第《だい》五十四條《でう》の除斥《ぢよせき》の爲半數《ためはんすう》に滿《み》たざるとき、同《どう》一の事件《じけん》に付招集再回《つきせうしふさいくわい》に至《いた》るも仍半數《なほはんすう》に滿《み》たざるとき又《また》は招集《せうしふ》に應《おう》ずるも出席議員定數《しゆつせきぎゐんていすう》を闕《か》き議長《ぎちやう》に於《おい》て出席《しゆつせき》を催告《さいこく》し仍半數《なほはんすう》に滿《み》たざるときは此《こ》の限《かぎり》に在《あ》らず

第五十三條　市會《しくわい》の議事《ぎじ》は過半數《くわはんすう》を以《もつ》て決《けつ》す可否同數《かひどうすう》なるときは議長《ぎちやう》の決《けつ》する所《ところ》に依《よ》る

議長《ぎちやう》は其《そ》の職務《しよくむ》を行《おこな》ふ場合《ばあひ》に於《おい》ても之《これ》が爲議員《ためぎゐん》として議決《ぎけつ》に加《くは》はるの權《けん》を失《うしな》はず

第五十四條　議長及議員《ぎちやうおよびぎゐん》は自己又《じこまた》は父母《ふぼ》、祖父母《そふぼ》、妻《つま》、子孫《しそん》、兄弟姉妹《けいていしまい》の一身上《しんじやう》に關《くわん》する事件《じけん》に付《つき》ては其《そ》の議事《ぎじ》に參與《さんよ》することを得《え》ず但《たゞ》し市會《しくわい》の同意《どうい》を得《え》たるときは會議《くわいぎ》に出席《しゆつせき》し發言《はつげん》することを得《う》

第五十五條　法律命令《はふりつめいれい》に依《よ》り市會《しくわい》に於《おい》て選擧《せんきよ》を行《おこな》ふときは本法中別段《ほんぱふちうべつだん》の規定《きてい》ある場合《ばあひ》を除《のぞ》くの外《ほか》

一人《り》毎《ごと》に無記《むき》名投票《めいとうへう》を爲《な》し有效投票《いうかうとうへう》の過半數《くわはんすう》を得《え》たる者《もの》を以《もつ》て當選者《たうせんしや》とす過半數《くわはんすう》を得《え》たる者《もの》なきときは最多《さいた》數《すう》を得《え》たる者《もの》二人《り》を取《と》り之《これ》に就《つ》き決選投票《けつせんとうへう》を爲《な》さしむ其《そ》の二人《り》を取《と》るに當《あた》り同數《どうすう》者《しや》あるときは年長者《ねんちやうしや》を取《と》り年齡同《ねんれいおな》じきときは議長抽籤《ぎちやうちうせん》して之《これ》を定《さだ》む此《こ》の決選投票《けつせんとうへう》に於《おい》ては多數《たすう》を得《え》たる者《もの》を以《もつ》て當選者《たうせんしや》とす同數《どうすう》なるときは年長者《ねんちやうしや》を取《と》り年齡同《ねんれいおな》じきときは議長抽籤《ぎちやうちう》して之《これ》を定《さだ》む

前項《ぜんかう》の場合《ばあひ》に於《おい》ては第《だい》二十五條及第《でうおよびだい》二十八條《でう》の規定《きてい》を準用《じゆんよう》し投票《とうへう》の效力《かうりよく》に關《くわん》し異議《いぎ》あるときは市會之《しくわいこれ》を決定《けつてい》す

第《だい》一項《かう》の選擧《せんきよ》に付《つき》ては市會《しくわい》は其《そ》の議決《ぎけつ》を以《もつ》て指名推選又《しめいすゐせんまた》は連名投票《れんめいとうへう》の法《はふ》を用《もち》うることを得《う》其《そ》の連名《れんめい》の投票法《とうへうはふ》を用《もち》うる場合《ばあひ》に於《おい》ては前《ぜん》二項《かう》の例《れい》に依《よ》る

連名投票《れんめいとうへう》の法《はふ》を用《もち》うる場合《ばあひ》に於《おい》て其《そ》の投票《とうへう》にして第《だい》二十八條第《でうだい》一號《がう》、第《だい》六號及第《がうおよびだい》七號《がう》に該當《がいたう》するもの並《ならび》に其《そ》の記載《きさい》の人員選擧《じんゐんせんきよ》すべき定數《ていすう》に過《す》ぎたるものは之《これ》を無效《むかう》とし同條第《どうでうだい》二號《がう》、第《だい》四號《がう》及第《およびだい》五號《がう》に該當《がいたう》するものは其《そ》の部分《ぶぶん》のみを無效《むかう》とす連名投票《れんめいとうへう》の法《はふ》を用《もち》うる場合《はあひ》に於《おい》て過半數《くわはんすう》の投票《とうへう》を得《え》たる者《もの》選擧《せんきよ》すべき定數《ていすう》を超《こ》ゆるときは最多《さいた》數《すう》を得《え》たる者《もの》より順次《じゆんじ》選擧《せんきよ》すべき定數《ていすう》に至《いた》る迄《まで》の者《もの》を以《もつ》て當選《たうせん》とし同數者《どうすうしや》あるときを年長者《ねんちやうしや》を取《と》り年齢同《ねんれいおな》じきときは議長抽籤《ぎちやうちうせん》して之《これ》を定《さだ》む

第五十六條　市會《しくわい》の會議《くわいぎ》は公開《こうかい》す但《たゞ》し左《さ》の場合《はあひ》は此《こ》の限《かぎり》に在《あ》らず

一　市長《しちやう》より傍聽禁止《ばうちやうきんと》の要求《えうきう》を受《う》けたるとき

二　議長又《ぎちやうまた》は議員《ぎゐん》三人以上《にんいじやう》の發議《はつぎ》に依《よ》り傍聽禁止《ばうちやうきんし》を可決《かけつ》したるとき

前項議長又《ぜんかうぎちやうまた》は議員《ぎゐん》の發議《はつぎ》は討論《たうろん》を須《もち》ゐず其《そ》の可否《かひ》を決《けつ》すべし

第五十七條　議長《ぎちやう》は會議《くわいぎ》を總理《そうり》し會議《くわいぎ》の順序《じゆんじよ》を定《さだ》め其《そ》の日《ひ》の會議《くわいぎ》を開閉《かいへい》し議場《ぎぢやう》の秩序《ちつじよ》を保持《ほち》す

議員定數《ぎゐんていすう》の半數以上《はんすういじやう》より請求《せいきう》あるときは議長《ぎちやう》は其《そ》の日《ひ》の會議《くわいぎ》を開《ひら》くことを要《えう》す此《こ》の場合《はあひ》に於《おい》て議長仍會議《ぎちやうなほくわいぎ》を開《ひら》かざるときは第《だい》四十九條《でう》の例《れい》に依《よ》る

前項議員《ぜんかうぎゐん》の請求《せいきう》に依《よ》り會議《くわいぎ》を開《ひら》きたるときは又《また》は議員中異議《ぎゐんちういぎ》あるときは議長《ぎちやう》は會議《くわいぎ》の議決《ぎけつ》に依《よ》るに非《あら》ざれば其《そ》の日《ひ》の會議《くわいぎ》を閉《と》ぢ又《また》は中止《ちうし》することを得《え》ず

第五十八條　議員《ぎゐん》は選擧人《せんきよにん》の指示《しし》又《また》は委囑《ゐしよく》を受《う》くべからず
議員《ぎゐん》は會議中《くわいぎちう》無禮《ぶれい》の語《ご》を用《もち》ゐ又《また》は他人《たにん》の身上《しんじやう》に涉《わた》り言論《げんろん》することを得《え》ず

第五十九條　會議中《くわいぎちう》本法《ほんぽふ》又《また》は會議規則《くわいぎきそく》に違《ちが》ひ其《そ》の他《た》會議《くわいぎ》の秩序《ちつじよ》を紊《みだ》す議員《ぎゐん》あるときは議長《ぎちやう》は之《これ》を制止《せいし》し又《また》は發言《はつげん》を取消《とりけ》さしめ命《めい》に從《したが》はざるときは當日《たうじつ》の會議《くわいぎ》を終《をは》る迄《まで》發言《はつげん》を禁止《きんし》し又《また》は議場外《ぎぢやうぐわい》に退去《たいさ》せしめ必要《ひつえう》ある場合《ばあひ》に於《おい》ては警察官吏《けいさつくわんり》の處分《しよぶん》を求《もと》むることを得《う》
議場騷擾《ぎぢやうさうぜう》にして整理《せいり》し難《がた》きときは議長《ぎちやう》は當日《たうじつ》の會議《くわいぎ》を中止《ちうし》し又《また》は之《これ》を閉《と》づることを得《う》

第六十條　傍聽人《ばうちやうにん》公然《こうぜん》可否《かひ》を表《へう》し又《また》は喧騷《けんさう》に涉《わた》り其《そ》の他《た》會議《くわいぎ》の妨害《ばうがい》を爲《な》すときは議長《ぎちやう》は之《これ》を制止《せいし》し命《めい》に從《したが》はざるときは之《これ》を退場《たいぢやう》せしめ必要《ひつえう》ある場合《ばあひ》に於《おい》ては警察官吏《けいさつくわんり》の處分《しよぶん》を求《もと》むることを得《う》
傍聽席騷擾《ばうちやうせきさうぜう》なるときは議長《ぎちやう》は總《すべ》ての傍聽人《ばうちやうにん》を退場《たいぢやう》せしめ必要《ひつえう》ある場合《ばあひ》に於《おい》ては警察官吏《けいさつくわんり》の處分《しよぶん》を求《もと》むることを得《う》

第六十一條　市會《しくわい》に書記《しよき》を置《お》き議長《ぎちやう》に隷屬《れいぞく》して庶務《しよむ》を處理《しより》せしむ
書記《しよき》は議長《ぎちやう》之《これ》を任免《にんめん》す

條六十二條　議長《ぎちやう》は書記《しよき》をして會議錄《くわいぎろく》を調製《てうせい》し會議《くわいぎ》の顚末《てんまつ》及《および》出席議員《しゆつせきぎゐん》の氏名《しめい》を記載《きさい》せしむべし
會議錄《くわいぎろく》は議長《ぎちやう》及《および》議員《ぎゐん》二人《り》以上《いじやう》之《これ》に署名《しよめい》することを要《えう》す其《そ》の議員《ぎゐん》は市會《しくわい》に於《おい》て之《これ》を定《さだ》むべし
議長《ぎちやう》は會議錄《くわいぎろく》を添《そ》へ會議《くわいぎ》の結果《けつくわ》を市長《しちやう》に報告《はうこく》すべし

第六十三條　市會《しくわい》は會議規則《くわいぎきそく》及《および》傍聽人取締規則《ばうちやうにんとりしまりきそく》を設《まう》くべし
會議規則《くわいぎきそく》には本法《ほんぱふ》及《および》會議規則《くわいぎきそく》に違反《ゐはん》したる議員《ぎゐん》に對《たい》し市會《しくわい》の議決《ぎけつ》に依《よ》り五日《かい》以內《いない》出席《しゆつせき》を停止《ていし》する規定《きてい》を設《まう》くることを得《う》

第三章　市參事會

第一款　組織及選擧

第六十四條　市《し》に市參事會《しさんじくわい》を置《お》き左《さ》の職員《しよくゐん》を以《もつ》て組織《そしき》す
一　市長《しちやう》
二　助役《じよやく》
三　名譽職參事會員《めいよしよくさんじくわいゐん》

前項《ぜんかう》の外《ほか》市參與《しさんよ》を置《お》く市《し》に於《おい》ては市參與《しさんよ》は參事會員《さんじくわいゐん》とし其《そ》の擔任事業《たんにんじげふ》に關《くわん》する場合《ばあひ》に依《よ》り會議《くわいぎ》に列席《れつせき》し議事《ぎじ》に參與《さんよ》す

第六十五條　名譽職參事會員《めいよしよくさんじくわいゐん》の定數《ていすう》は六人《にん》とす但《たゞ》し第《だい》六條《でう》の市《し》に在《あ》りては市條例《しでうれい》を以《もつ》て十二人迄《にんまで》之《これ》を增加《ぞうか》することを得《う》

名譽職參事會員《めいよしよくさんじくわいゐん》は市會《しくわい》に於《おい》て其《そ》の議員中《ぎゐんちう》より之《これ》を選擧《せんきよ》すべし其《そ》の選擧《せんきよ》に關《くわん》しては第《だい》二十五條第《でうだい》二十八條及第《でうおよびだい》三十條《でう》の規定《きてい》を準用《じゆんよう》し投票《とうへう》の效力《かうりよく》に關《くわん》し異議《いぎ》あるときは市會之《しくわいこれ》を決定《けつてい》す

名譽職參事會員中闕員《めいよしよくさんじくわいゐんちうけつゐん》あるときは直《たゞち》に補闕選擧《ほけつせんきよ》を行《おこな》ふべし

名譽職參事會員《めいよしよくさんじくわいゐん》は隔年之《かくねんこれ》を選擧《せんきよ》すべし

名譽職參事會員《めいよしよくさんじくわいゐん》は後任者《こうにんしや》の就任《しうにん》するに至《いた》る迄在任《までざいにん》す市會議員《しくわいぎゐん》の任期滿了《にんきまんれう》したるとき亦同《またおな》じ

名譽職參事會員《めいよしよくさんじくわいゐん》は其《そ》の選擧《せんきよ》に關《くわん》し第《だい》九十條《でう》の處分確定《しよぶんかくてい》し又《また》は判決《はんけつ》ある迄《まで》は會議《くわいぎ》に列《れつ》し議事《ぎじ》に參《さん》與《よ》するの權《けん》を失《うしな》はず

第六十六條　市參事會《しさんじくわい》は市長《しちやう》を以《もつ》て議長《ぎちやう》とす市長故障《しちやうこしやう》あるときは市長代理者之《しちやうだいりしやこれ》を代理《だいり》す

第二款　職務權限

第六十七條　市《し》參事《さんじ》會《くわい》の職務《しよくむ》權限《けんげん》左《さ》の如《ごと》し

一　市《し》會《くわい》の權限《けんげん》に屬《ぞく》する事件《じけん》にして其《そ》の委任《ゐにん》を受《う》けたるものを議決《ぎけつ》する事《こと》

二　（削除《さくぢよ》）

三　其《そ》の他《た》法令《はふれい》に依《よ》り市《し》參事《さんじ》會《くわい》の權限《けんげん》に屬《ぞく》する事件《じけん》

第六十八條　市《し》參事《さんじ》會《くわい》は市長《しちやう》之《これ》を招集《せうしふ》す名譽《めいよ》職參事《しよくさんじ》會員《くわいゐん》定數《ていすう》の半數《はんすう》以上《いじやう》の請求《せいきう》あるときは市長《しちやう》は之《これ》を招集《せうしふ》すべし

第六十九條　市《し》參事《さんじ》會《くわい》の會議《くわいぎ》は傍聽《ばうちやう》を許《ゆる》さず

町村制抄

第七條　帝國臣民《ていこくしんみん》たる年齡《ねんれい》二十五年《ねん》以上《いじやう》の男子《だんし》にして二年《ねん》以來《いらい》町村《ちやうそん》住民《ぢうみん》たる者《もの》は其《そ》の町村《ちやうそん》公民《こうみん》とす但《たゞ》し左《さ》の各號《かくがう》の一に該當《がいたう》する者《もの》は此《この》限《かぎ》りに在《あ》らず

一　禁治《きんち》産者《さんしや》及《および》準禁治《じゆんきんち》産者《さんしや》

二　破産者《はさんしや》にして復權《ふくけん》を得《え》ざる者《もの》

三　貧困《ひんこん》に因《よ》り生活《せいくわつ》の爲《ため》公私《こうし》の救助《きうじよ》を受《う》け又《また》は扶助《ふじよ》を受《う》くる者《もの》

四　一定《てい》の住居《ぢうきよ》を有《いう》せざる者《もの》

五　六年《ねん》の懲役《ちようえき》又《また》は禁錮《きんこ》以上《いじやう》の刑《けい》に處《しよ》せられたる者《もの》

六　刑法第《けいはふだい》二編第《へんだい》一章《しやう》、第《だい》三章《しやう》、第《だい》九章《しやう》、第《だい》十六章乃至第《しやうないしだい》二十一章《しやう》、第《だい》二十五章又《しやうまた》は第《だい》三十六章乃至第《しやうないしだい》三十九章《しやう》に掲《かゝ》ぐる罪《つみ》を犯《をか》し六年未滿《ねんみまん》の懲役《ちようえき》の刑《けい》に處《しよ》せられ其《そ》の執行《しつかう》を終《をは》り又《また》は執行《しつかう》を受《う》けることなきに至《いた》りたる後《のち》其《そ》の刑期《けいき》の二倍《ばい》に相當《さうたう》する期間《きかん》を經過《けいくわ》するに至《いた》る迄《まで》の者《もの》但《たゞ》し其期間《そのきかん》五年《ねん》より短《みぢか》きときは五年《ねん》とす

七　六年未滿《ねんみまん》の禁錮《きんこ》の刑《けい》に處《しよ》せられ又《また》は前號《ぜんがう》に掲《かゝ》ぐる罪以外《つみいぐわい》の罪《つみ》を犯《をか》し六年未滿《ねんみまん》の懲役《ちようえき》の刑《けい》に處《しよ》せられ其《そ》の執行《しつかう》を終《をは》り又《また》は執行《しつかう》を受《う》くるに至《いた》ることなき迄《まで》の者《もの》

町村《ちやうそん》は前項《ぜんかう》二年《ねん》の制限《せいげん》を特免《とくめん》することを得《う》

第《だい》一項《かう》二年《ねん》の期間《きかん》は市《し》町村《ちやうそん》の配置《はいち》分合《ぶんがふ》又《また》は境界變更《きやうかいへんかう》の爲《ため》中斷《ちうだん》せらるゝことなし

第八條　町村公民《ちやうそんこうみん》は町村《ちやうそん》の選擧《せんきよ》に參與《さんよ》し町村《ちやうそん》の名譽職《めいよしよく》に選擧《せんきよ》せらるる權利《けんり》を有《いう》し町村《ちやうそん》の名譽職《めいよしよく》を擔任《たんにん》する義務《ぎむ》を負《お》ふ

第二章　町村會

第一款　組織及選擧

第十一條　町村會議員《ちやうそんくわいぎゐん》は其《そ》の被選擧權《ひせんきよけん》ある者《もの》に就《つ》き選擧人《せんきよにん》之《これ》を選擧《せんきよ》す
議員《ぎゐん》の定數《ていすう》左《さ》の如《ごと》し

一　（削除《さくぢよ》）
二　人口《じんこう》五千未滿《みまん》の町村《ちやうそん》　十二人《にん》
三　人口《じんこう》五千以上《いじやう》一万未滿《みまん》の町村《ちやうそん》　十八人《にん》
四　人口《じんこう》一万以上《いじやう》二万未滿《みまん》の町村《ちやうそん》　二十四人《にん》
五　人口《じんこう》二万以上《いじやう》の町村《ちやうそん》　三十人《にん》

議《ぎ》員《ゐん》の定數《ていすう》は町村條例《ちやうそんでうれい》を以《もつ》て特《とく》に之《これ》を增減《ぞうげん》することを得《う》

議《ぎ》員《ゐん》の定數《ていすう》は總選擧《そうせんきよ》を行《おこな》ふ場合《ばあひ》に非《あら》ざれば之《これ》を增減《ぞうげん》せず但《たゞ》し著《いちじる》しく人口《じんこう》の增減《ぞうげん》ありたる場合《ばあひ》に於《おい》て府縣知事《ふけんちじ》の許可《きよか》を得《え》たるときは此《こ》の限《かぎ》りに在《あ》らず

第十二條　町村公民《ちやうそんこうみん》は總《すべ》て選擧權《せんきよけん》を有《いう》す但《たゞ》し公民權停止中《こうみんけんていしちう》の者又《ものまた》は第《だい》九條《でう》の規定《きてい》に該當《がいたう》する者《もの》は此《こ》の限《かぎ》りに在《あ》らず

第十三條　（削除《さくぢよ》）

第十四條　特別《とくべつ》の事情《じじやう》あるときは區劃《くくわく》を定《さだ》めて選擧分會《せんきよぶんくわい》を設《まう》くることを得《う》

第十五條　選擧權《せんきよけん》を有《いう》する町村公民《ちやうそんこうみん》は被《ひ》選擧權《せんきよけん》を有《いう》す

在職《ざいしよく》の檢事《けんじ》、警察官吏《けいさつくわんり》及《およ》び收稅官吏《しうぜいくわんり》は被《ひ》選擧權《せんきよけん》を有《いう》せず

選擧事務《せんきよじむ》に關係《くわんけい》ある官吏《くわんり》及《および》町村《ちやうそん》の有給吏員《いうきふりゐん》は其《そ》の關係區域內《くわんけいくゐきない》に於《おい》て被《ひ》選擧權《せんきよけん》を有《いう》せす

町村《ちやうそん》の有給《いうきふ》の吏員《りゐん》敎員《けうゐん》其《そ》の他《た》の職員《しよくゐん》にして在職中《ざいしよくちう》の者《もの》は其《そ》の町村《ちやうそん》の町村會議《ちやうそんくわいぎ》員《ゐん》と相兼《あひか》ぬることを得《え》ず

第十六條　町村會議員《ちやうそんくわいぎゐん》は名譽職《めいよしよく》とす
議員《ぎゐん》の任期《にんき》は四年《ねん》とし總選擧《そうせんきよ》の日《ひ》より之《これ》を起算《きさん》す
議員《ぎゐん》の定數《ていすう》に異動《いどう》を生《しやう》じたる爲解任《ためかいにん》を要《えう》する者《もの》あるときは町村長抽籤《ちやうそんちやうちうせん》して之《これ》を定《さだ》む但《たゞ》し闕員《ゐん》あるときは其《そ》の缺員《けつゐん》を以《もつ》て之《これ》に充《あ》つべし
前項但書《ぜんかうたゞしがき》の場合《ばあひ》に於《おい》て闕員《けつゐん》の數解任《すうかいにん》を要《えう》する者《もの》の數《すう》に滿《み》たざるときは其《そ》の不足《ふそく》の員數《ゐんすう》に付町村《つきちやうそん》長抽籤《ちやうちうせん》して解任《かいにん》すべき者《もの》を定《さだ》め闕員《けつゐん》の數解任《すうかいにん》を要《えう》する者《もの》の數《すう》を超《こ》ゆるときは解任《かいにん》を要《えう》する者《もの》に充《あ》つべき缺員《けつゐん》は最《もつと》も先《さき》に闕員《けつゐん》となりたる者《もの》より順次之《じゆんじこれ》に充《あ》て闕員《けつゐん》と爲《な》りたる時同《ときおな》じきときは町《ちやう》村長抽籤《そんちやうちうせん》して之《これ》を定《さだ》む
議員《ぎゐん》の定數《ていすう》に異動《いどう》を生《しやう》じたる爲新《ためあらた》に選擧《せんきよ》せられたる議員《ぎゐん》は總選擧《そうせんきよ》に依《よ》り選擧《せんきよ》せられたる議員《ぎゐん》の任期滿了《にんきまんれう》の日迄在任《ひまでざいにん》す
第十七條　町村會議員中闕員《ちやうそんくわいぎゐんちうけつゐん》を生《しやう》じたるときは三月以内《つきいない》に補缺選擧《ほけつせんきよ》を行《おこな》ふべし但《たゞ》し第二十七條第《だい》《でうだい》二項《かう》の規定《きてい》の適用《てきよう》を受《う》けたる得票者《とくへうしや》にして當選者《たうせんしや》と爲《な》らざりし者《もの》あるときは直《たゞち》に選擧會《せんきよくわい》を開《ひら》き

其《そ》の者《もの》の中《うち》に就《つ》き當選者《たうせんしや》を定《さだ》むべし此《こ》の場合《はあひ》に於《おい》ては第《だい》三十條第《でうだい》三項及第《かうおよびだい》四項《かう》の規定《きてい》を準用《じゆんよう》す

第《だい》三十條第《でうだい》五項及第《かうおよびだい》六項《かう》の規定《きてい》は補闕選擧《ほけつせんきよ》に之《これ》を準用《じゆんよう》す

補闕議員《ほけつぎゐん》は其《そ》の前任者《ぜんにんしや》の殘任期間《ざんにんきかん》在任《ざいにん》す

第十八條　町村長《ちやうそんちやう》は每年《まいねん》九月《ぐわつ》十五日《にち》の現在《げんざい》に依《よ》り選擧人名簿《せんきよにんめいぼ》を調製《てうせい》すべし

選擧人名簿《せんきよにんめいぼ》には選擧人《せんきよにん》の氏名《しめい》、住所及生年月日《ぢうしよおよびせいねんぐわつぴ》等《とう》を記載《きさい》すべし

第十八條の二　町村長《ちやうそんちやう》は十一月《ぐわつ》五日《か》より十五日間《にちかん》町村役場《ちやうそんやくば》又《また》は其《そ》の指定《してい》したる場所《ばしよ》に於《おい》て選擧人《せんきよにん》名簿《めいぼ》を關係者《くわんけいしや》の縱覽《じうらん》に供《きよう》すべし

町村長《ちやうむらちやう》は縱覽開始《じうらんかいし》の日《ひ》前《ぜん》三日目《かめ》迄《まで》に縱覽《じうらん》の場所《ばしよ》を告示《こくじ》すべし

第十八條の三　選擧人名簿《せんきよにんめいぼ》に關《くわん》し關係者《くわんけいしや》に於《おい》て異議《いぎ》あるときは縱覽期間内《じうらんきかんない》に之《これ》を町村長《ちやうむらちやう》に申立《まをした》つることを得《う》此《こ》の場合《はあひ》に於《おい》ては町村長《ちやうそんちやう》は縱覽期間滿了後《じうらんきかんまんれうご》三日以内《かいない》に之《これ》を町村會《ちやうそんくわい》の決定《けつてい》に付《ふ》すべし

町村會《ちやうそんくわい》は其《そ》の送付《そうふ》を受《う》けたる日《ひ》より十日以内《かいない》に之《これ》を決定《けつてい》すべし

前項《ぜんかう》の決定《けつてい》に不服《ふふく》ある者《もの》は府縣參事會《ふけんさんじくわい》に訴願《そぐわん》し其《そ》の裁決《さいけつ》又《また》は第《だい》三項《かう》の裁決《さいけつ》に不服《ふふく》ある者《もの》は行政《ぎやうせい》

裁判所《さいばんしよ》に出訴《しゆつそ》することを得《う》

第一項《だいかう》の決定《けつてい》及前項《およびぜんかう》の裁決《さいけつ》に付《つい》ては町村長《ちやうそんちやう》よりも訴願《そぐわん》又《また》は訴訟《そしやう》を提起《ていき》することを得《う》

前二項《ぜんかう》の裁決《さいけつ》に付《つい》ては府縣知事《ふけんちじ》よりも訴訟《そしやう》を提起《ていき》することを得《う》

第十八條の四　選擧人名簿《せんきよにんめいぼ》は十二月《ぐわつ》二十五日《にち》を以《もつ》て確定《かくてい》す

選擧人名簿《せんきよにんめいぼ》は次年《じねん》の十二月《ぐわつ》二十四日《か》迄之《までこれ》を据置《すゑお》くべし

前條《ぜんでう》の場合《ばあひ》に於《おい》て決定若《けつていもし》くは裁決確定《さいけつかくてい》し又《また》は判決《はんけつ》ありたるに依《よ》り名簿《めいぼ》の修正《しうせい》を要《えう》するときは町《ちやう》村長《そんちやう》は直《たゞち》に之《これ》を修正《しうせい》すべし

選擧人名簿《せんきよにんめいぼ》を修正《しうせい》したるときは町村長《ちやうそんちやう》は直《たゞち》に其《そ》の要領《えうりやう》を告示《こくじ》すべし

投票分會《とうへうぶんくわい》を設《まう》くるときは町村長《ちやうそんちやう》は確定名簿《かくていめいぼ》に依《よ》り分會《ぶんくわい》の區劃毎《くくわくごと》に名簿《めいぼ》の抄本《せうほん》を調製《てうせい》すべし

第十八條の五　第《だい》十八條《でう》の三の場合《ばあひ》に於《おい》て決定若《けていもし》くは裁決確定《さいけかくてい》し又《また》は判決《はんけ》ありたるに依《よ》り選擧人《せんきよにん》名簿無效《めいぼむかう》と爲《な》りたるときは更《さら》に名簿《めいぼ》を調製《てうせい》すべし

天災事變等《てんさいじへんとう》の爲必要《ためひつえう》あるときは更《さら》に名簿《めいぼ》を調製《てうせい》すべし

前《ぜん》二項《かう》の規定《きてい》に依《よ》る名簿《めいぼ》の調製《てうせい》、縦覧確定及異議《じうらんかくていおよびいぎ》申立《まうしたて》に對《たい》する町村會《ちやうそんくわい》の決定《けつてい》に關《くわん》する期日及期《きじつおよびき》間《かん》は府縣知事《ふけんちじ》の定《さだ》むる所《ところ》に依《よ》る

町村《ちやうそん》の廢置分合又《はいちぶんがふまた》は境界變更《きやうかいへんかう》ありたる場合《ばあひ》に於《おい》て名簿《めいぼ》に關《くわん》し其《そ》の分合其《ぶんがふそ》の他必要《たひつえう》なる事項《じかう》は命《めい》令《れい》を以《もつ》て之《これ》を定《さだ》む

第十九條　町村長《ちやうそんちやう》は選擧《せんきよ》の期日前《きじつぜん》七日目《かめ》迄《まで》に選擧會場《せんきよくわいぢやう》（投票分會場《とうへうぶんくわいぢやう》を含《ふく》む以下《いか》之《これ》に同《おな》じ）投票《とうへう》の日時及選擧《にちじおよびせんきよ》すべき議員數《ぎゐんすう》を告示《こくじ》すべし投票分會《とうへうぶんくわい》を設《まう》くる場合《ばあひ》に於《おい》ては併《あは》せて其《そ》の區劃《くくわく》を告示《こくじ》すべし

投票分會《とうへうぶんくわい》の投票《とうへう》は選擧會《せんきよくわい》と同日時《どうにちじ》に之《これ》を行《おこな》ふ

天災事變等《てんさいじへんとう》の爲《ため》投票《とうへう》を行《おこな》ふこと能《あた》はざるとき又《また》は更《さら》に投票《とうへう》を行《おこな》ふの必要《ひつえう》あるときは町村長《ちやうそんちやう》は其《そ》の投票《とうへう》を行《おこな》ふべき選擧會又《せんきよくわいまた》は投票分會《とうへうぶんくわい》のみに付更《つきさら》に期日《きじつ》を定《さだ》め投票《とうへう》を行《おこな》はしむべし此《こ》の場合《ばあひ》に於《おい》て選擧會場及投票《せんきよくわいぢやうおよびとうへう》の日時《にちじ》は選擧《せんきよ》の期日前《きじつぜん》五日迄《かまで》に之《これ》を告示《こくじ》すべし

第二十條　町村長《ちやうそんちやう》は選擧長《せんきよちやう》と爲《な》り選擧會《せんきよくわい》を開閉《かいへい》し其《そ》の取締《とりしまり》に任《にん》ず

町村長《ちやうそんちやう》は選擧人名簿《せんきよにんめいぼ》に登錄《とうろく》せられたる者《もの》の中《うち》より二人《り》乃至《ないし》四人《にん》の選擧立會人《せんきよたちあひにん》を選任《せんにん》すべし

投票分會《とうへうぶんくわい》は町村會《ちやうそんくわい》の指名《しめい》したる吏員《りゐん》投票分會長《とうへうぶんくわいちやう》と爲《な》り之《これ》を開閉《かいへい》し其《そ》の取締《とりしまり》に任《にん》ず

町村長《ちやうそんちやう》は分會《ぶんくわい》の區劃內《くくわくない》に於《お》ける選擧人名簿《せんきよにんめいぼ》に登錄《とうろく》せられたる者《もの》の中《うち》より二人《り》乃至《ないし》四人《にん》の投票立《とうへうたち》會人《あひにん》を選任《せんにん》すべし

選擧立會人《せんきよたちあひにん》及《および》投票立會人《とうへうたちあひにん》は名譽職《めいよしよく》とす

第二十一條　選擧人《せんきよにん》に非《あら》ざる者《もの》は選擧會場《せんきよくわいぢやう》に入《い》ることを得《え》ず但《たゞ》し選擧會場《せんきよくわいぢやう》の事務《じむ》に從事《じゆうじ》する者《もの》、選擧會場《せんきよくわいぢやう》を監視《かんし》する職權《しよくけん》を有《いう》する者又《ものまた》は警察官吏《けいさつくわんり》は此《こ》の限《かぎり》に在《あ》らず

選擧會場《せんきよくわいぢやう》に於《おい》て演說討論《えんぜつたうろん》を爲《な》し若《もし》くは喧擾《けんぜう》に涉《わた》り又《また》は投票《とうへう》に關《くわん》し協議《けふぎ》若《もし》くは勸誘《くわんいう》を爲《な》し其《そ》の他《た》選擧會場《せんきよくわいぢやう》の秩序《ちつじよ》を紊《みだ》す者《もの》あるときは選擧長又《せんきよちやうまた》は投票分會長《とうへうぶんくわいちやう》は之《これ》を制止《せいし》し命《めい》に從《したが》はざるときは之《これ》を選擧會場外《せんきよくわいぢやうぐわい》に退出《たいしゆつ》せしむべし

前項《ぜんかう》の規定《きてい》に依《よ》り退出《たいしゆつ》せしめられたる者《もの》は最後《さいご》に至《いた》り投票《とうへう》を爲《な》すことを得《う》但《たゞ》し選擧長又《せんきよちやうまた》は投票《とうへう》分會長會場《ぶんくわいちやうくわいぢやう》の秩序《ちつじよ》を紊《みだ》すの虞《おそ》れなしと認《みと》むる場合《ばあひ》に於《おい》て投票《とうへう》を爲《な》さしむるを妨《さまた》げず

第二十二條　選擧《せんきよ》は無記名投票《むきめいとうへう》を以《もつ》て之《これ》を行《おこな》ふ

投票《とうへう》は一人《にん》一票《ぺう》に限《かぎ》る

選擧人《せんきよにん》は選擧《せんきよ》の當日投票時間内《たうじつとうへうじかんない》に自《みづか》ら選擧會場《せんきよくわいぢやう》に到《いた》り選擧人名簿《せんきよにんめいぼ》又《また》は其《そ》の抄本《せうほん》の對照《たいせう》を經《へ》て投《とう》票《へう》を爲《な》すべし

投票時間内《とうへうじかんない》に選擧會場《せんきよくわいぢやう》に入《い》りたる選擧人《せんきよにん》は其《そ》の時間《じかん》を過《す》ぐるも投票《とうへう》を爲《な》すことを得《う》

選擧人《せんきよにん》は選擧會場《せんきよくわいぢやう》に於《おい》て投票用紙《とうへうようし》に自《みづか》ら被選擧人《ひせんきよにん》一人《り》の氏名《しめい》を記載《きさい》して投函《とうかん》すべし

投票《とうへう》に關《くわん》する記載《きさい》に付《つき》ては勅令《ちよくれい》を以《もつ》て定《さだ》むる點字《てんじ》は之《これ》を文字《もんじ》と看做《みな》す

自《みづか》ら被選擧人《ひせんきよにん》の氏名《しめい》を書《しよ》することを能《あた》はざる者《もの》は投票《とうへう》を爲《な》すことを得《え》ず

投票用紙《とうへうようし》は町村長《ちやうそんちやう》の定《さだ》むる所《ところ》に依《よ》り一定《てい》の式《しき》を用《もち》うべし

選擧分會《せんきよぶんくわい》に於《おい》て爲《な》したる投票《とうへう》は投票分會長《とうへうぶんくわいちやう》少《すくな》くとも一人《り》の選擧立會人《せんきよたちあひにん》と共《とも》に投票函《とうへうばこ》の儘《まゝ》之《これ》を選《せん》擧長《きよちやう》に送致《そうち》すべし

第二十二條の二　確定名簿《かくていめいぼ》に登録《とうろく》せられざる者《もの》は投票《とうへう》を爲《な》すことを得《え》ず但《たゞ》し選擧人名簿《せんきよにんめいぼ》に登録《とうろく》せ

らるべき確定裁決書《かくていさいけつしよ》若は判決書《はんけつしよ》を所持《しよぢ》し選擧《せんきよ》の當日選擧會場《たうじつせんきよくわいぢやう》に到《いた》る者《もの》は此《こ》の限《かぎり》に在《あ》らず

確定名簿《かくていめいぼ》に登錄《とうろく》せられたる者選擧人名簿《ものせんきよにんめいぼ》に登錄《とうろく》せらるゝことを得《え》ざる者《もの》なるときは投票《とうへう》を爲《な》すことを得《え》ず選擧《せんきよ》の當日選擧權《たうじつせんきよけん》を有《いう》せざる者《もの》なるとき亦同《またおな》じ

第二十二條の三　投票《とうへう》の拒否《きよひ》は選擧立會人又《せんきよたちあひにんまた》は投票立會人之《とうへうたちあひにんこれ》を決定《けってい》す可否同數《かひどうすう》なるときは選擧長《せんきよちやう》又《また》は投票分會長之《とうへうぶんくわいちやうこれ》を決《けっ》すべし

投票分會《とうへうぶんくわい》に於《おい》て投票拒否《とうへうきよひ》の決定《けってい》を受《う》けたる選擧人不服《せんきよにんふふく》あるときは投票分會長《とうへうぶんくわいちやう》は假《かり》に投票《とうへう》を爲《な》さしむべし

前項《ぜんかう》の投票《とうへう》は選擧人《せんきよにん》をして之《これ》を封筒《ふうとう》に入《い》れ封緘《ふうかん》し表面《へうめん》に自《みづか》ら其《そ》の氏名《しめい》を記載《きさい》し投函《とうかん》せしむべし

投票分會長又《とうへうぶんくわいちやうまた》は投票立會人《とうへうたちあひにん》に於《おい》て異議《いぎ》ある選擧人《せんきよにん》に對《たい》しても亦前二項《またぜんかう》に同《おな》じ

第二十三條　第《だい》三十條若《でうもし》くは第《だい》三十四條《でう》の選擧《せんきよ》、增員選擧又《ぞうゐんせんきよまた》は補闕選擧《ほけつせんきよ》を同時《どうじ》に行《おこな》ふ場合《ばあひ》に於《おい》ては一の選擧《せんきよ》を以《もっ》て合併《がっぺい》して之《これ》を行《おこな》ふ

第二十四條　町村長《ちやうそんちやう》は豫《あらかじ》め開票《かいへう》の日時《にちじ》を告示《こくじ》すべし

第二十四條の二　選擧長《せんきよちやう》は投票《とうへう》の日《ひ》又《また》は其《そ》の翌日《よくじつ》（投票分會《とうへうぶんくわい》を設《まう》けたるときは總《すべ》ての投票函《とうへうばこ》の送《そう》致《ち》を受《う》けたる日《ひ》又《また》は其《そ》の翌日《よくじつ》）選擧立會人《せんきよたちあひにん》立會《たちあひ》の上《うへ》投票函《とうへうばこ》を開《ひら》き投票《とうへう》の總數《そうすう》と投票人《とうへうにん》の總數《そうすう》とを計算《けいさん》すべし

前項《ぜんかう》の計算《けいさん》終《をは》りたるときは選擧長《せんきよちやう》は先《ま》づ第《だい》二十二條《でう》の三第《だい》二項《かう》及第《およびだい》四項《かう》の投票《とうへう》を調査《てうさ》すべし其《そ》の投票《とうへう》の受理《じゆり》如何《いかん》は選擧立會人之《せんきよたちあひにんこれ》を決定《けつてい》す可否《かひ》同數《どうすう》なるときは選擧長之《せんきよちやうこれ》を決《けつ》すべし

選擧長《せんきよちやう》は選擧立會人《せんきよたちあひにん》と共《とも》に投票《とうへう》を點檢《てんけん》すべし

第二十四條の三　天災事變《てんさいじへん》等《とう》の爲《ため》開票《かいへう》を行《おこな》ふこと能《あた》はざるときは町村長《ちやうそんちやう》は更《さら》に開票《かいへう》の期日《きじつ》を定《さだ》むべし此《こ》の場合《ばあひ》に於《おい》て選擧會場《せんきよくわいぢやう》の變更《へんかう》を要《えう》するときは豫《あらかじ》め更《さら》に其《そ》の場所《ばしよ》を告示《こくじ》すべし

第二十四條の四　選擧人《せんきよにん》は其《そ》の選擧會《せんきよくわい》の參觀《さんくわん》を求《もと》むることを得《う》但《たゞ》し開票開始《かいへうかいし》前《ぜん》は此《こ》の限《かぎり》に在《あ》らず

特別《とくべつ》の事情《じじやう》あるときは町村《ちやうそん》は府縣知事《ふけんちじ》の許可《きよか》を得《え》區劃《くくわく》を定《さだ》めて開票分會《かいへうぶんくわい》を設《まう》くることを得《う》

前項《ぜんかう》の規定《きてい》に依《よ》り開票分會《かいへうぶんくわい》を設《まう》くる場合《ばあひ》に於《おい》て必要《ひつえう》なる事項《じかう》は命令《めいれい》を以《もつ》て之《これ》を定《さだ》む

第二十五條　左《さ》の投票《とうへう》は之《これ》を無效《むかう》とす

一　成規《せいき》の用紙《ようし》を用《もち》ゐざるもの

二　現《げん》に町村會議員《ちやうそんくわいぎゐん》の職《しよく》に在《あ》る者《もの》の氏名《しめい》を記載《きさい》したるもの

三　一投票中《とうへうちう》二人《り》以上《いじやう》の被選擧人《ひせんきよにん》の氏名《しめい》を記載《きさい》したるもの

四　被選擧人《ひせんきよじん》の何人《なんぴと》たるかを確認《かくにん》し難《がた》きもの

五　被選擧權《ひせんきよけん》なき者《もの》の氏名《しめい》を記載《きさい》したるもの

六　被選擧人《ひせんきよにん》の氏名《しめい》の外《ほか》他事《たじ》を記入《きにふ》したるもの但《たゞ》し爵位《しやくゐ》職業《しよくげふ》身分《ぶん》住所《ぢうしよ》又《また》は敬稱《けいしよう》の類《るゐ》を記入《きにふ》したるものは此《こ》の限《かぎり》に在《あ》らず

七　被選擧人《ひせんきよにん》の氏名《しめい》を自書《じしよ》せざるもの

第二十六條　投票《とうへう》の效力《かうりよく》は選擧立會人《せんきよたちあひにん》之《これ》を決定《けつてい》す可否《かひ》同數《どうすう》なるときは選擧長《せんきよちやう》之《これ》を決《けつ》すべし

第二十七條　町村會議員《ちやうそんくわいぎゐん》の選擧《せんきよ》は有效投票《いうかうとうへう》の最多數《さいたすう》を得《え》たる者《もの》を以《もつ》て當選者《たうせんしや》とす但《たゞ》し議員《ぎゐん》の定數《ていすう》を以《もつ》て有效投票《いうかうとうへう》の總數《そうすう》を除《ぢよ》して得《え》たる數《すう》の六分《ぶん》の一以上《いじやう》の得票《とくへう》あることを要《えう》す

前項《ぜんかう》の規定《きてい》に依《よ》り當選者《たうせんしや》を定《さだ》むるに當《あた》り得票《とくへう》の數《すう》同《おな》じきときは年長者《ねんちやうしや》を取《と》り年齢《ねんれい》同《おな》じきときは選擧長《せんきよちやう》抽籤《ちうせん》して之《これ》を定《さだ》むべし

第二十七條の二　當選者《たうせんしや》選擧《せんきよ》の期日《きじつ》後《ご》に於《おい》て被選擧權《ひせんきよけん》を有《いう》せざるに至《いた》りたるときは當選《たうせん》を失《うしな》ふ

第二十八條　選擧長《せんきよちやう》は選擧錄《せんきよろく》を作《つく》り選擧會《せんきよくわい》に關《くわん》する顚末《てんまつ》を記載《きさい》し之《これ》を朗讀《らうどく》し二人《り》以上《いじやう》の選擧立會《せんきよたちあひ》人《にん》と共《とも》に之《これ》に署名《しよめい》すべし

投票分會長《とうへうぶんくわいちやう》は投票錄《とうへうろく》を作《つく》り投票《とうへう》に關《くわん》する顚末《てんまつ》を記載《きさい》し之《これ》を朗讀《らうどく》し二人《り》以上《いじやう》の投票立會人《とうへうたちあひにん》と共《とも》に之《これ》に署名《しよめい》すべし

投票分會長《とうへうぶんくわいちやう》は投票函《とうへうよこ》と同時《どうじ》に投票錄《とうへうろく》を選擧長《せんきよちやう》に送致《そうち》すべし

選擧錄《せんきよろく》及《および》投票錄《とうへうろく》は投票選擧人名簿《とうへうせんきよにんめいぼ》其《そ》の他《た》の關係書類《くわんけいしよるゐ》と共《とも》に議員《ぎゐん》の任期間《にんきかん》町村長《ちやうそんちやう》に於《おい》て之《これ》を保存《ほぞん》すべし

第二十九條　當選者《たうせんしや》定《さだ》まりたるときは町村長《ちやうそんちやう》は直《たゞち》に當選者《たうせんしや》に當選《たうせん》の旨《むね》を告知《こくち》し同時《どうじ》に當選者《たうせんしや》の住《ぢう》所氏名《しよしめい》を告示《こくじ》し且《かつ》選擧錄《せんきよろく》の寫《うつし》（投票錄《とうへうろく》あるときは併《あは》せて投票錄《とうへうろく》の寫《うつし》）を添《そ》へ之《これ》を府縣知事《ふけんちじ》に報《はう》

告《こく》すべし當選者《たうせんしや》なきときは直《ただち》に其《そ》の旨《むね》を告示《こくし》し且選擧錄《かつせんきよろく》の寫《うつし》（投票錄《とうへうろく》あるときは併《あは》せて投票錄《とうへうろく》の寫《うつし》）を添《そ》へ之《これ》を府縣知事《ふけんちじ》に報告《はうこく》すべし

當選者《たうせんしや》當選《たうせん》を辭《じ》せむとするときは當選《たうせん》の告知《こくち》を受《う》けたる日《ひ》より五日以内《かいない》に之《これ》を町村長《ちやうそんちやう》に申立《まをした》つべし

官吏《くわり》にして當選《たうせん》したる者《もの》は所屬長官《しよぞくちやうくわん》の許可《きよか》を受《う》くるに非《あら》ざれば之《これ》に應《おう》ずることを得《え》ず

前項《ぜんかう》の官吏《くわり》は當選《たうせん》の告知《こくち》を受《う》けたる日《ひ》より二十日以内《いない》に之《これ》に應《おう》ずべき旨《むね》を町村長《ちやうそんちやう》に申立《まをした》てざるときは其《そ》の當選《たうせん》を辭《じ》したるものと看做《みな》す

町村《ちやうそん》に對《たい》し請負《うけおひ》を爲《な》し又《また》は町村《ちやうそん》に於《おい》て費用《ひよう》を負擔《ふたん》する事業《じげふ》に付町村長若《つきちやうそんちやうもし》くは其《そ》の委任《ゐにん》を受《う》けたる者《もの》に對《たい》し請負《うけおひ》を爲《な》す者若《ものもし》くは其《そ》の支配人又《しはいにんまた》は主《しゆ》として同一《どう》の行爲《かうゐ》を爲《な》す法人《はふじん》の無限責任社員《むげんせきにんしやゐん》、役員若《やくゐんもし》くは支配人《しはいにん》にして當選《たうせん》したる者《もの》は其《そ》の請負《うけおひ》を罷《や》め又《また》は請負《うけおひ》を爲《な》す者《もの》の支配人若《しはいにんもし》くは主《しゆ》として同一《どう》の行爲《かうゐ》を爲《な》す法人《はふじん》の無限責任社員《むげんせきにんしやゐん》、役員若《やくゐんもし》くは支配人《しはいにん》たることなきに至《いた》るに非《あら》ざれば當選《たうせん》に應《おう》ずることを得《え》ず第二項《だいかう》の期限前《きげんぜん》に其《そ》の旨《むね》を町村長《ちやうそんちやう》に申立《まをした》ざるときは其《そ》の當選《たうせん》を辭《じ》した

るものと看做《みな》す
前項《ぜんかう》の役員《やくゐん》とは取締役《とりしまりやく》、監査役《かんさやく》及之《およびこれ》に準《じゆん》ずべき者竝《ものならび》に清算人《せいさんにん》を謂《い》ふ

第三十條　當選者《たうせんしや》左《さ》に掲《かゝ》ぐる事由《じいう》の一に該當《がいたう》するときは三月以内《つきいない》に更《さら》に選擧《せんきよ》を行《おこな》ふべし但《たゞ》し第《だい》二項《かう》の規定《きてい》に依《よ》り更《さら》に選擧《せんきよ》を行《おこな》ふことなくして當選者《たうせんしや》を定《さだ》め得《う》る場合《ばあひ》は此《こ》の限《かぎり》に在《あ》らず

一　當選《たうせん》を辭《じ》したるとき

二　第《だい》二十七條《でう》の二の規定《きてい》に依《よ》り當選《たうせん》を失《うしな》ひたるとき

三　死亡者《しばうしや》なるとき

四　選擧《せんきよ》に關《くわん》する犯罪《はんざい》に依《よ》り刑《けい》に處《しよ》せられ其《そ》の當選無效《たうせんむかう》と爲《な》りたるとき但《たゞ》し同一人《どういちにん》に關《くわん》し前各《ぜんかく》號《がう》の事由《じいう》に依《よ》る選擧又《せんきよまた》は補闕選擧《ほけつせんきよ》の告示《こくじ》を爲《な》したる場合《ばあひ》は此《こ》の限《かぎり》に在《あ》らず

前項《ぜんかう》の事由《じいう》前條第《ぜんでうだい》二項若《かうもし》くは第《だい》四項《かう》の規定《きてい》に依《よ》る期限前《きげんぜん》に生《しやう》じたる場合《ばあひ》に於《おい》て第《だい》二十七條第《でうだい》一項但書《かうただしがき》の得票者《とくへうしや》にして當選者《たうせんしや》と爲《な》らざりし者《もの》あるとき又《また》は其《そ》の期限經過後《きげんけいくわご》に生《しやう》じたる場合《ばあひ》に於《おい》て第《だい》二十七條第《でうだい》二項《かう》の規定《きてい》の適用《てきよう》を受《う》けたる得票者《とくへうしや》にして當選者《たうせんしや》と爲《な》らざりし者《もの》あるときは直《たゞち》

に選擧會《せんきよくわい》を開《ひら》き其《そ》の者《もの》の中《うち》に就《つ》き當選者《たうせんしや》を定《さだ》むべし

前項《ぜんかう》の場合《ばあひ》に於《おい》て第《だい》二十七條第《でうだい》一項但書《かうただしがき》の得票者《とくへうしや》にして當選者《たうせんしや》と爲《な》らざりし者選擧《ものせんきよ》の期日後《きじつご》に於《おい》て被選擧權《ひせんきよけん》を有《いう》せざるに至《いた》りたるときは之《これ》を當選者《たうせんしや》と定《さだ》むることを得《え》ず

第《だい》二項《かう》の場合《ばあひ》に於《おい》ては町村長《ちやうそんちやう》は豫《あらかじ》め選擧會《せんきよくわい》の場所及日時《ばしよおよびにちじ》を告示《こくじ》すべし

第《だい》一項《かう》の期間《きかん》は第《だい》三十三條第《でうだい》八項《かう》の規定《きてい》の適用《てきよう》ある場合《ばあひ》に於《おい》ては選擧《せんきよ》を行《おこな》ふことを得《え》ざる事由《じいう》已《や》みたる日《ひ》の翌日《よくじつ》より之《これ》を起算《きさん》す第《だい》一項《かう》の事由議員《じいうぎゐん》の任期滿了前《にんきまんれうぜん》六月以内《つきいない》に生《しやう》じたるときは第《だい》一項《かう》の選擧《せんきよ》は之《これ》を行《おこな》はず但《たゞ》し議員《ぎゐん》の數其《すうそ》の定數《ていすう》の三分《ぶん》の二に滿《み》たざるに至《いた》りたるときは此《こ》の限《かぎり》に在《あ》らず

第三十一條　第《だい》二十九條第《でうだい》二項《かう》の期間《きかん》を經過《けいくわ》したるとき又《また》は同條第《どうでうだい》四項《かう》の申立《まをしたて》ありたるときは町村長《そんちやう》は直《たゞち》に當選者《たうせんしや》の住所氏名《ぢうしよしめい》を告示《こくじ》し併《あは》せて之《これ》を府縣知事《ふけんちじ》に報告《はうこく》すべし

當選者《たうせんしや》なきに至《いた》りたるとき又《また》は當選者其《たうせんしやそ》の選擧《せんきよ》に於《お》ける議員《ぎゐん》の定數《ていすい》に達《たっ》せざるに至《いた》りたるときは町村長《ちやうそんちやう》は直《たゞち》に其《そ》の旨《むね》を告示《こくじ》し併《あは》せて之《これ》を府縣知事《ふけんちじ》に報告《はうこく》すべし

第三十二條　選擧《せんきよ》の規定《きてい》に違反《ゐはん》することあるときは選擧《せんきよ》の結果《けつくわ》に異動《いどう》を生《しやう》ずるの虞《おそれ》ある場合《ばあひ》に限《かぎ》り其《そ》の選擧《せんきよ》の全部《ぜんぶ》又《また》は一部《ぶ》を無效《むかう》とす但《たゞ》し當選《たうせん》に異動《いどう》を生《しやう》ずるの虞《おそれ》なき者《もの》を區分《くぶん》し得《う》るときは其《そ》の者《もの》に限《かぎ》り當選《たうせん》を失《うしな》ふことなし

第三十三條　選擧人《せんきよにん》選擧《せんきよ》又《また》は當選《たうせん》の效力《かうりよく》に關《くわん》し異議《いぎ》あるときは選擧《せんきよ》に關《くわん》しては選擧《せんきよ》の日《ひ》より當選《たうせん》に關《くわん》しては第《だい》二十九條第《でうだい》一項《かうまた》又は第《だい》三十一條第《でうだい》二項《かう》の告示《こくじ》の日《ひ》より七日以内《かいない》に之《これ》を町村長《ちやうそんちやう》に申《まを》立《た》つることを得《う》此《こ》の場合《ばあひ》に於《おい》ては町村長《ちやうそんちやう》は七日以内《かいない》に町村會《ちやうそんくわい》の決定《けつてい》に付《ふ》すべし町村會《ちやうそんくわい》は其《そ》の送《そう》付《ふ》を受《う》けたる日《ひ》より十四日以内《かいない》に之《これ》を決定《けつてい》すべし

前項《ぜんかう》の決定《けつてい》に不服《ふふく》ある者《もの》は府縣參事會《ふけんさんじくわい》に訴願《そぐわん》することを得《う》

府縣知事《ふけんちじ》は選擧又《せんきよまた》は當選《たうせん》の效力《かうりよく》に關《くわん》し異議《いぎ》あるときは選擧《せんきよ》に關《くわん》しては第《だい》二十九條第《でうだい》一項《かう》の報告《はうこく》を受《う》けたる日《ひ》より、當選《たうせん》に關《くわん》しては第《だい》二十九條第《でうだい》一項又《かうまた》は第《だい》三十一條第《でうだい》二項《かう》の報告《はうこく》を受《う》けたる日《ひ》より二十以内《いない》に之《これ》を府縣參事會《ふけんさんじくわい》の決定《けつてい》に付《ふ》することを得《う》

前項《ぜんかう》の決定《けつてい》ありたるときは同《どう》一事件《じけん》に付爲《つきな》したる異議《いぎ》の申立及《まをしたておよび》町村會《ちやうそんくわい》の決定《けつてい》は無效《むかう》とす

第《だい》二項《かう》若《も》しくは第《だい》六項《かう》の裁決《さいけつ》又《また》は第《だい》三項《かう》の決定《けつてい》に不服《ふふく》ある者《もの》は行政裁判所《ぎやうせいさいばんしよ》に出訴《しゆつそ》することを得《う》

第《だい》一項《かう》の決定《けつてい》に付《つい》ては町村長《ちやうそんちやう》よりも訴願《そぐわん》を提起《ていき》することを得《う》

第《だい》二項《かう》若《も》しくは前項《ぜんかう》の裁決《さいけつ》又《また》は第《だい》三項《かう》の決定《けつてい》に付《つい》ては府縣知事《ふけんちじ》又《また》は町村長《ちやうそんちやう》よりも訴訟《そしよう》を提起《ていき》することを得《う》

第《だい》十七條《でう》、第《だい》三十條《でう》又《また》は第《だい》三十四條《でう》第《だい》一項《かう》若《も》しくは第《だい》三項《かう》の選擧《せんきよ》は之《これ》に關係《くわんけい》ある選擧《せんきよ》又《また》は當選《たうせん》に關《くわん》する異議申立期間《いぎまをしたてきかん》、異議《いぎ》の決定若《けつていもしく》は訴願《そぐわん》の裁決確定《さいけつかくてい》せざる間《あひだ》又《また》は訴訟《そしよう》の繫屬《けいぞく》する間《かん》之《これ》を行《おこな》ふことを得《え》ず

町村會議員《ちやうそんくわいぎゐん》は選擧《せんきよ》又《また》は當選《たうせん》に關《くわん》する、決定若《けつていもし》くは裁決確定《さいけつかくてい》し又《また》は判決《はんけつ》ある迄《まで》は會議《くわいぎ》に列席《れつせき》し議《ぎ》事《じ》に參與《さんよ》するの權《けん》を失《うしな》はず

第三十四條　選擧無效《せんきよむかう》と確定《かくてい》したるときは三月《つき》以内《いない》に更《さら》に選擧《せんきよ》を行《おこな》ふべし

當選無效《たうせんむかう》と確定《かくてい》したるときは直《ただち》に選擧會《せんきよくわい》を開《ひら》き更《さら》に當選者《たうせんしや》を定《さだ》むべし此《こ》の場合《ばあひ》に於《おい》ては第《だい》三十條《でう》第《だい》三項《かう》及《および》第《だい》四項《かう》の規定《きてい》を準用《じゆんよう》す

當選者《たうせんしや》なきとき、當選者《たうせんしや》なきに至《いた》りたるとき又《また》は當選者《たうせんしや》其《そ》の選擧《せんきよ》に於《お》ける議員《ぎゐん》の定數《ていすう》に達《たつ》せざるとき若《も》しくは定數《ていすう》に達《たつ》せざるに至《いた》りたるときは三月以内《つきいない》に更《さら》に選擧《せんきよ》を行《おこな》ふべし

第《だい》三十條第《でうだい》五項及第《かうおよびだい》六項《かう》の規定《きてい》は第《だい》一項及前項《かうおよびぜんかう》の選擧《せんきよ》に之《これ》を準用《じゆんよう》す

第三十五條　町村會員被選擧權《ちやうそんくわいゐんひせんきよけん》を有《いう》せざる者《もの》なるとき又《また》は第《だい》二十九條第《でうだい》五項《かう》に掲《かゝ》ぐる者《もの》なるときは其《そ》の職《しよく》を失《うしな》ふ其《そ》の被選擧權《ひせんきよけん》の有無《うむ》又《また》は第《だい》二十九條第《でうだい》五項《かう》に掲《かゝ》ぐる者《もの》に該當《がいたう》するや否《いな》やは町村《ちやうそん》會議員《くわいぎゐん》が左《さ》の各號《かくがう》の一に該當《がいたう》するに因《よ》り被選擧權《ひせんきよけん》を有《いう》せざる場合《ばあひ》を除《のぞ》くの外町村會《ほかちやうそんくわい》之《これ》を決定《けつてい》す

一　禁治產者《きんちさんしや》又《また》は準禁治產者《じゆんきんちさんしや》と爲《な》りたるとき

二　破產者《はさんしや》と爲《な》りたるとき

三　禁錮《きんこ》以上《いじやう》の刑《けい》に處《しよ》せられたるとき

四　選擧《せんきよ》に關《くわん》する犯罪《はんざい》に依《よ》り罰金《ばつきん》の刑《けい》に處《しよ》せられたるとき

町村長《ちやうそんちやう》は町村會議員中被選擧權《ちやうそんくわいぎゐんちうひせんきよけん》を有《いう》せざる者又《ものまた》は第《だい》二十九條第《でうだい》五項《かう》に掲《かゝ》ぐる者《もの》ありと認《みと》むるときは之《これ》を町村會《ちやうそんくわい》の決定《けつてい》に付《ふ》すべし

町村會《ちやうそんくわい》は其《そ》の送付《そうふ》を受《う》けたる日《ひ》より十四日《か》以内《いない》に之《これ》を決定《けつてい》すべし
第《だい》一項《かう》の決定《けつてい》を受《う》けたる者《もの》其《そ》の決定《けつてい》に不服《ふふく》あるときは府縣參事會《ふけんさんじくわい》に訴願《そぐわん》し其《そ》の裁決《さいけつ》又《また》は第《だい》四項《かう》の裁決《さいけつ》に不服《ふふく》あるときは行政裁判所《ぎやうせいさいばんじよ》に出訴《しゆつそ》することを得《う》
第《だい》一項《かう》の決定《けつてい》及《および》前項《ぜんかう》の裁決《さいけつ》に付《つい》ては町村長《ちやうそんちやう》よりも訴願《そぐわん》又《また》は訴訟《そしよう》を提起《ていき》することを得《う》
前《ぜん》二項《かう》の裁決《さいけつ》に付《つい》ては府縣知事《ふけんちじ》よりも訴訟《そしよう》を提起《ていき》することを得《う》
第《だい》三十三條《でう》第《だい》九號《がう》の規定《きてい》は第《だい》一項《かう》及《および》前《ぜん》三項《かう》の場合《ばあひ》に之《これ》を準用《じゆんよう》す
第《だい》一項《かう》の決定《けつてい》は文書《ぶんしよ》を以《もつ》て之《これ》を爲《な》し其《そ》の理由《りいう》を附《ふ》し之《これ》を本人《ほんにん》に交付《かうふ》すべし

第三十六條　第《だい》十八條《でう》の三及《および》第《だい》三十三條《でう》の場合《ばあひ》に於《おい》て府縣參事會《ふけんさんじくわい》の決定《けつてい》及《および》裁決《さいけつ》は府縣知事《ふけんちじ》、町村《ちやうそん》會《くわい》の決定《けつてい》は町村長《ちやうそんちやう》直《ただち》に之《これ》を告示《こくじ》すべし

第三ト六條の二　町村會議員《ちやうそんくわいぎゐん》の選擧《せんきよ》に付《つい》ては衆議院議員選擧法《しうぎゐんぎゐんせんきよはふ》第《だい》九十一條《でう》、第《だい》九十二條《でう》、第《だい》九十八條《でう》、第《だい》九十九條《でう》第《だい》二項《かう》、第《だい》百條《でう》及《および》第《だい》百四十二條《でう》の規定《きてい》を準用《じゆんよう》す

第三十七條　本法《ほんはふ》は本法《ほんはふ》に基《もと》きて發《はつ》する勅令《ちよくれい》に依《よ》り設置《せつち》する議會《ぎくわい》の議員《ぎゐん》の選擧《せんきよ》に付《つい》ては衆議院議《しうぎゐんぎ》

員選擧《ゐんせんきよ》に關《くわん》する罰則《ばつそく》を準用《じゆんよう》す

第三十八條　特別《とくべつ》の事情《じじやう》ある町村《ちやうそん》に於《おい》ては府縣知事《ふけんちじ》は其《そ》の町村《ちやうそん》をして町村會《ちやうそんくわい》を設《まう》けず選擧權《せんきよけん》を有《いう》する町村公民《ちやうそんこうみん》の總會《そうくわい》を以《もつ》て之《これ》に充《あ》てしむることを得《う》

町村總會《ちやうそんそうくわい》に關《くわん》しては町村會《ちやうそんくわい》に關《くわん》する規定《きてい》を準用《じゆんよう》す

第二款　職務權限

第三十九條　町村會《ちやうそんくわい》は町村《ちやうそん》に關《くわん》する事件及法律勅令《じけんおよびはふりつちよくれい》に依《よ》り其《そ》の權限《けんげん》に屬《ぞく》する事件《じけん》を議決《ぎけつ》す

第四十條　町村會《ちやうそんくわい》の議決《ぎけつ》すべき事件《じけん》の概目左《がいもくさ》の如《ごと》し

一　町村條例及町村規則《ちやうそんでうれいおよびちやうそんきそく》を設《まう》け又《また》は改廢《かいはい》する事《こと》

二　町村費《ちやうそんひ》を以《もつ》て支辨《しべん》すべき事業《じげふ》に關《くわん》する事但《ことたゞ》し第《だい》七十七條《でう》の事務及法律勅令《じむおよびはふりつちよくれい》に規定《きてい》するものは此《こ》の限《かぎ》に在《あ》らず

三　歳入出豫算《さいにふしゆつよさん》を定《さだ》むる事《こと》

四　決算報告《けつさんはうこく》を認定《にんてい》する事《こと》

五　法令《はふれい》に定《さだ》むるものを除《のぞ》くの外《ほか》使用料《しようれう》、手数料《てすうれう》、加入金《かにふきん》、町村税《ちやうそんぜい》又《また》は夫役現品《ふえきげんぴん》の賦課徴収《ふくわちやうしう》に關《くわん》する事《こと》

六　不動産《ふどうさん》の管理《くわんり》處分及取得《しよぶんおよびしゆとく》に關《くわん》する事《こと》

七　基本財産及積立金穀等《きほんざいさんおよびつみたてきんこくとう》の設置《せつち》管理《くわんり》及處分《およびしよぶん》に關《くわん》する事《こと》

八　歳入出豫算《さいにふしゆつよさん》を以《もつ》て定《さだ》むるものを除《のぞ》くの外新《ほかあらた》に義務《ぎむ》の負擔《ふたん》を爲《な》し及權利《およびけんり》の拋棄《はうき》を爲《な》す事《こと》

九　財産及營造物《ざいさんおよびえいざうぶつ》の管理方法《くわんりはうはふ》を定《さだ》むる事但《ことただ》し法律勅令《はふりつちよくれい》に規定《きてい》あるものは此《こ》の限《かぎ》に在《あ》らず

十　町村吏員《ちやうそんりゐん》の身元保證《みもとほしよう》に關《くわん》する事《こと》

十一　町村《ちやうそん》に係《かゝ》る訴願訴訟及和解《そぐわんそしようおよびわかい》に關《くわん》する事《こと》

第四十一條　町村會《ちやうそんくわい》は法律勅令《はふりつちよくれい》に依《よ》り其《そ》の權限《けんげん》に屬《ぞく》する選擧《せんきよ》を行《おこな》ふべし

第四十二條　町村會《ちやうそんくわい》は町村《ちやうそん》の事務《じむ》に關《くわん》する書類及計算書《しよるゐおよびけいさんしよ》を檢閲《けんえつ》し町村長《ちやうそんちやう》の報告《はうこく》を請求《せいきう》して事務《じむ》の管理《くわんり》、議決《ぎけつ》の執行及出納《しつかうおよびしゆつなふ》を檢査《けんさ》することを得《う》

町村會議員中《ちやうそんくわいぎゐんちう》より委員《ゐゐん》を選擧《せんきよ》し町村長又《ちやうそんちやうまた》は其《そ》の指名《しめい》したる吏員立會《りゐんたちあひ》の上實地《うへじつち》に就《つ》き前項町村會《ぜんかうちやうそんくわい》

の權限《けんげん》に屬《ぞく》する事件《じけん》を行《おこな》はしむることを得《う》

第四十三條　町村會《ちやうそんくわい》は町村《ちやうそん》の公益《こうえき》に關《くわん》する事件《じけん》に付《つき》意見書《いけんしよ》を町村長《ちやうそんちやう》又《また》は監督官廳《かんとくくわんちやう》に提出《ていしゆつ》することを得《う》

第四十四條　町村會《ちやうそんくわい》は行政廳《ぎやうせいちやう》の諮問《しもん》あるときは意見《いけん》を答申《たふしん》すべし

町村會《ちやうそんくわい》の意見《いけん》を徵《ちよう》して處分《しよぶん》を爲《な》すべき場合《ばあひ》に於《おい》て町村會《ちやうそんくわい》成立《せいりつ》せず、招集《せうしふ》に應《おう》ぜず若《も》しくは意見《いけん》を提出《ていしゆつ》せず又《また》は町村會《ちやうそんくわい》を招集《せうしふ》すること能《あた》はざるときは當該行政廳《たうがいぎやうせいちやう》は其《その》の意見《いけん》を俟《ま》たずして直《ただち》に處分《しよぶん》を爲《な》すことを得《う》

第四十五條　町村會《ちやうそんくわい》は町村長《ちやうそんちやう》を以《もつ》て議長《ぎちやう》とす町村長故障《ちやうそんちやうこしやう》あるときは其《その》の代表者議長《だいへうしやぎちやう》の職務《しよくむ》を代理《だいり》す町村長及其《ちやうそんちやうおよびその》の代理者《だいりしや》に故障《こしやう》あるときは臨時《りんじ》に議員中《ぎゐんちう》より假《かり》の議長《ぎちやう》を選擧《せんきよ》すべし

前項假議長《ぜんかうかりぎちやう》の選擧《せんきよ》に付《つい》ては年長《ねんちやう》の議員議長《ぎゐんぎちやう》の職務《しよくむ》を代理《だいり》す年齡同《ねんれいおな》じきときは抽籤《ちうせん》を以《もつ》て之《これ》を定《さだ》む

特別《とくべつ》の事情《じじやう》ある町村《ちやうそん》に於《おい》ては第《だい》一項《かう》の規定《きてい》に拘《かかは》らず町村條例《ちやうそんでうれい》を以《もつ》て町村會《ちやうそんくわい》の選擧《せんきよ》に依《よ》る議長及《ぎちやうおよび》

其《そ》の代理者《だいりしや》一人《り》を置《お》くことを得此《うこ》の場合《ばあひ》に於《おい》ては市制第《しせいだい》四十八條及第《でうおよびだい》四十九條《でう》の規定《きてい》を準用《じゆんよう》す

第四十六條　町村長及其《ちやうそんちやうおよびそ》の委任及囑託《ゐにんおよびしよくたく》を受《う》けたる者《もの》は會議《くわいぎ》に列席《れつせき》して議事《ぎじ》に參與《さんよ》することを得但《うたゞ》し議決《ぎけつ》に加《くは》はることを得《え》ず

前項《ぜんかう》の列席者發言《れつせきしやはつげん》を求《もと》むるときは議長《ぎちやう》は之《これ》を許《ゆる》すべし但《たゞ》し之《これ》が爲議員《ためぎゐん》の演說《えんぜつ》を中止《ちうし》せしむることを得《え》ず

第四十七條　町村會《ちやうそんくわい》は町村長之《ちやうそんちやうこれ》を招集《せうしふ》す議員定數《ぎゐんていすう》三分《ぶん》の一以上《いじやう》の請求《せいきう》あるときは町村長《ちやうそんちやう》は之《これ》を招集《せうしふ》すべし

町村長《ちやうそんちやう》は必要《ひつえう》ある場合《ばあひ》に於《おい》ては會期《くわいき》を定《さだ》めて町村會《ちやうそんくわい》を招集《せうしふ》することを得《う》

招集及會議《せうしふおよびくわいぎ》の事件《じけん》は開會《かいくわい》の日前《ひぜん》三日目迄《かめまで》に之《これ》を告示《こくじ》すべし但《たゞ》し急施《きふし》を要《えう》する場合《ばあひ》は此《こ》の限《かぎり》に在《あ》らず

町村會開會中急施《ちやうそんくわいかいくわいちうきふし》を要《えう》する事件《じけん》あるときは町村長《ちやうそんちやう》は直《たゞち》に之《これ》を其《そ》の會議《くわいぎ》に付《ふ》することを得會議《うくわいぎ》に付《ふ》する日前《ひぜん》三日目迄《かめまで》に告知《こくち》を爲《な》したる事件《じけん》に付亦同《つきまたおな》じ

町村會《ちやうそんくわい》は町村長《ちやうそんちやう》之《これ》を開閉《かいへい》す

第四十八條　町村會《ちやうそんくわい》は議員定數《ぎゐんていすう》の半數以上出席《はんすういじやうしゆつせき》するに非《あら》ざれば會議《くわいぎ》を開《ひら》くことを得《え》ず但《たゞ》し第《だい》五十條《でう》の除斥《ぢよせき》の爲半數《ためはんすう》に滿《み》たざるとき、同一《どういつ》の事件《じけん》に付招集再回《つけせうしふさいくわい》に至《いた》るも仍半數《なほはんすう》に滿《み》たざるとき又《また》は招集《せうしふ》に應《おう》ずるも出席議員定數《しゆつせきぎゐんていすう》を闕《か》き議長《ぎちやう》に於《おい》て出席《しゆつせき》を催告《さいこく》し仍半數《なほはんすう》に充《み》たざるときは此《こ》の限《かぎり》に在《あ》らず

第四十九條　町村會《ちやうそんくわい》の議事《ぎじ》は過半數《くわはんすう》を以《もつ》て決《けつ》す可否同數《かひどうすう》なるときは議長《ぎちやう》の決《けつ》する所《ところ》に依《よ》る

議長《ぎちやう》は其《そ》の職務《しよくむ》を行《おこな》ふ場合《ばあひ》に於《おい》ても之《これ》が爲議《ためぎ》員《ゐん》として議決《ぎけつ》に加《くは》はるの權《けん》を失《うしな》はず

第五十條　議長及議員《ぎちやうおよびぎゐん》は自己《じこ》又《また》は父母《ふぼ》、祖父母《そふぼ》、妻《つま》、子孫《しそん》、兄弟姉妹《きやうだいしまい》の一身上《しんじやう》に關《くわん》する事件《じけん》に付《つい》ては議事《ぎじ》に參與《さんよ》することを得《え》ず但《たゞ》し町村會《ちやうそんくわい》の同意《どうい》を得《え》たるときは會議《くわいぎ》に出席《しゆつせき》することを得《う》

第五十一條　法律勅令《はふりつちよくれい》に依《よ》り町村會《ちやうそんくわい》に於《おい》て選擧《せんきよ》を行《おこな》ふときは一人《り》毎《ごと》に無記名投票《むきめいとうへう》を爲《な》し有效投票《いうかうとうへう》の過半數《くわはんすう》を得《え》たる者《もの》を以《もつ》て當選者《たうせんしや》とす過半數《くわはんすう》を得《え》たる者《もの》なきときは最多數《さいたすう》を得《え》たる者《もの》二人《り》を取《と》り之《これ》に付決選投票《つきけつせんとうへう》を爲《な》さしむ其《そ》の二人《り》を取《と》るに當《あた》り同數者《どうすうしや》あるときは年長者《ねんちやうしや》を取《と》り年齡《ねんれい》同《おな》じき

ときは議長抽籤《ぎちやうちうせん》して之《これ》を定《さだ》む此《こ》の決選投票《けつせんとうへう》に於《おい》ては多數《たすう》を得《う》たる者《もの》を以《もつ》て當選者《たうせんしや》とす同數《どうすう》なるときは年長者《ねんちやうしや》を取《と》り年齢同《ねんれいおな》じきときは議長抽籤《ぎちやうちうせん》して之《これ》を定《さだ》む

前項《ぜんかう》の場合《ばあひ》に於《おい》ては第《だい》二十二條及第《でうおよびだい》二十五條《でう》の規定《きてい》を準用《じゆんよう》し投票《とうへう》の效力《かうりよく》に關《くわん》し異議《いぎ》あるときは町村會之《ちやうそんくわいこれ》を決定《けつてい》す

第《だい》一項《かう》の選擧《せんきよ》に付《つい》ては町村會《ちやうそんくわい》は其《そ》の議決《ぎけつ》を以《もつ》て指名推選又《しめいすゐせんまた》は連名投票《れんめいとうへう》の法《はふ》を用《もち》ふることを得《う》其《そ》の連名投票《れんめいとうへう》の法《はふ》を用《もち》ふる場合《ばあひ》に於《おい》ては前《ぜん》二項《かう》の例《れい》に依《よ》る

連名投票《れんめいとうへう》の法《はふ》を用《もち》ふる場合《ばあひ》に於《おい》て其《そ》の投票《とうへう》に於《おい》て第《だい》二十五條第《でうだい》一號《がう》、第《だい》六號及第《がうおよびだい》七號《がう》に該當《がいたう》するもの並其《ならびそ》の記載《きさい》の人員選擧《じんゐんせんきよ》すべき定數《ていすう》に過《す》ぎたるものは之《これ》を無效《むかう》とし同條第《どうでうだい》二號《がう》、第《だい》四號及《がうおよび》第《だい》五號《がう》に該當《がいたう》するものは其《そ》の部分《ぶぶん》のみを無效《むかう》とす

連名投票《れんめいとうへう》の法《はふ》を用《もち》ふる場合《ばあひ》に於《おい》て過半數《くわはんすう》の投票《とうへう》を得《え》たる者選擧《ものせんきよ》すべき定數《ていすう》を超《こ》ゆるときは最多《さいた》數《すう》を得《え》たる者《もの》より順次選擧《じゆんじせんきよ》すべき定數《ていすう》に至《いた》る迄《まで》の者《もの》を以《もつ》て當選者《たうせんしや》とし同數者《どうすうしや》あるときは年長者《ねんちやうしや》を取《と》り年齢同《ねんれいおな》じときは議長抽籤《ぎちやうちうせん》して之《これ》を定《さだ》む

第五十二條　町村會《ちやうそんくわい》の會議《くわいぎ》は公開《こうかい》す但《たゞ》し左《さ》の場合《ばあひ》は此《こ》の限《かぎり》に在《あ》らす

一　議長《ぎちやう》の意見《いけん》を以《もつ》て傍聽《ばうちやう》を禁止《きんし》したるとき

二　議員《ぎゐん》二人《にん》以《い》上《じやう》の發議《はつぎ》に依《よ》り傍聽禁止《ばうちやうきんし》を可《か》決したるとき

前項議員《ぜんかうぎゐん》の發議《はつぎ》は討論《たうろん》を須《もち》ゐず其《そ》の可否《かひ》を決すべし

第《だい》四十五條第《でうだい》三項《かう》の町村《ちやうそん》に於《お》ける町村會《ちやうそんくわい》の會議《くわいぎ》に付《つい》ては前《ぜん》二項《かう》の規定《きてい》に拘《かゝは》らず市制《しせい》第《だい》五十六條《でう》の規定《きてい》を準用《じゆんよう》す

第五十三條　議長《ぎちやう》は會議《くわいぎ》を總理《そうり》し會議《くわいぎ》の順序《じゆんじよ》を定《さだ》め其《そ》の日《ひ》の會議《くわいぎ》を開閉《かいへい》し議場《ぎぢやう》の秩序《ちつじよ》を保持《ほぢ》す

議員定數《ぎゐんていすう》の半數《はんすう》以上《いじやう》より請求《せいきう》あるときは議長《ぎちやう》は其《そ》の日《ひ》の會議《くわいぎ》を開《ひら》くことを要《えう》す此《こ》の場合《ばあひ》に於《おい》て議長《ぎちやう》仍會議《くわいぎ》を開《ひら》かざるときは第《だい》四十五條《でう》の例《れい》に依《よ》る

前項議員《ぜんかうぎゐん》の請求《せいきう》に依《よ》り會議《くわいぎ》を開《ひら》きたるとき又《また》は議員中異議《ぎゐんちういぎ》あるときは議長《ぎちやう》は會議《くわいぎ》の議《ぎ》決に依《よ》るに非《あら》ざれは其《そ》の日《ひ》の會議《くわいぎ》を閉《と》ぢ又《また》は中止《ちうし》することを得《え》ず

第五十四條　議員《ぎゐん》は選擧人《せんきよにん》の指示《しじ》又《また》は委囑《ゐしよく》を受《う》くべからず

議員《ぎゐん》は會議中《くわいぎちう》無禮《ぶれい》の語《ご》を用《もち》ゐ又《また》は他人《たにん》の身上《しんじやう》に渉《わた》り言論《げんろん》することを得《え》ず

第五十五條　會議中《くわいぎちう》本法《ほんぱふ》又《また》は會議規則《くわいぎきそく》に違《ちが》ひ其《そ》の他議場《たぎぢやう》の秩序《ちつじよ》を紊《みだ》す議員《ぎゐん》あるときは議長《ぎちやう》は之《これ》を制止《せいし》し又《また》は發言《はつげん》を取消《とりけ》さしめ命《めい》に從《したが》はざるときは當日《たうじつ》の會議《くわいぎ》を終《をは》る迄《まで》發言《はつげん》を禁止《きんし》し又《また》は議場外《ぎぢやうぐわい》に退去《たいきよ》せしめ必要《ひつえう》ある場合《ばあひ》に於《おい》ては警察官吏《けいさつくわんり》の處分《しよぶん》を求《もと》むることを得《う》

議場騷擾《ぎぢやうさうぜう》にして整理《せいり》し難《がた》きときは議長《ぎちやう》は當日《たうじつ》の會議《くわいぎ》を中止《ちうし》し又《また》は之《これ》を閉《と》づることを得《う》

第五十六條　傍聽人《ばうちやうにん》公然《こうぜん》可否《かひ》を表《へう》し又《また》は喧騷《けんさう》に渉《わた》り其《そ》の他《た》會議《くわいぎ》の妨害《ばうがい》を爲《な》すときは議長《ぎちやう》は之《これ》を制止《せいし》し命《めい》に從《したが》はざるときは之《これ》を退場《たいぢやう》せしめ必要《ひつえう》ある場合《ばあひ》に於《おい》ては警察官吏《けいさつくわんり》の處分《しよぶん》を求《もと》むることを得《う》

傍聽席騷擾《ばうちやうせきさうぜう》なるときは議長《ぎちやう》は總《すべ》ての傍聽人《ばうちやうにん》を退場《たいぢやう》せしめて必要《ひつえう》ある場合《ばあひ》に於《おい》ては警察官吏《けいさつくわんり》の處分《しよぶん》を求《もと》むることを得《う》

第五十七條　町村會《ちやうそんくわい》に書記《しよき》を置《お》き議長《ぎちやう》に隷屬《れいぞく》して庶務《しよむ》を處理《しより》せしむ

書記《しよき》は議長《ぎちやう》之《これ》を任免《にんめん》す

第五十八條　議長《ぎちやう》は書記《しよき》をして會議錄《くわいぎろく》を調製《てうせい》し會議《くわいぎ》の顚末《てんまつ》及《および》出席《しゆつせき》議員《ぎゐん》の氏名《しめい》を記載《きさい》せしむべし
會議錄《くわいぎろく》は議長《ぎちやう》及《および》議員《ぎゐん》二人《にん》以《い》上《じやう》之《これ》に署名《しめい》することを要《えう》す其《その》議員《ぎゐん》は町村會《ちやうそんくわい》に於《おい》て之《これ》を定《さだ》むべし

第五十九條　町村會《ちやうそんくわい》は會議《くわいぎ》規則《きそく》及《および》傍聽人《ばうちやうにん》取締《とりしまり》規則《きそく》を設《まう》くべし
第《だい》四十五條第《でうだい》三項《かう》の町村《ちやうそん》に於《お》ける町村會《ちやうそんくわい》の會議《くわいぎ》に付《つい》ては市制《しせい》第《だい》六十二條第《でうだい》三項《かう》の規定《きてい》を準用《じゆんよう》す
會議《くわいぎ》規則《きそく》には本法《ほんぱふ》及《および》會議《くわいぎ》規則《きそく》に違反《ゐはん》したる議員《ぎゐん》に對《たい》し町村會《ちやうそんくわい》の議決《ぎけつ》に依《よ》り五日《か》以《い》内《ない》出席《しゆつせき》を停止《ていし》する規定《きてい》を設《まう》くることを得《う》

昭和四年四月　五　日印刷
同　年四月　十　日發行
同　年四月十五日四版

定價一圓二十錢

不許復製

著作者　相良一休
東京市麴町區四番町七番地

發行者　古閑停
東京市神田區三崎町三丁目七一
印刷者　明松太郎

東京市麴町區四番町七番地
發行所　第一出版協會
電話九段三三九一
振替東京二四二二四

地方自治法研究復刊大系〔第254巻〕

市町村会議員 選挙戦術〔昭和4年 第4版〕

日本立法資料全集 別巻 1064

2018(平成30)年9月25日　復刻版第1刷発行　7664-0:012-010-005

著　者　相　良　一　休
発行者　今　井　貴
　　　　稲　葉　文　子
発行所　株式会社信山社

〒113-0033 東京都文京区本郷6-2-9-102東大正門前
Ⓣ03(3818)1019　Ⓕ03(3818)0344
来栖支店〒309-1625 茨城県笠間市来栖2345-1
Ⓣ0296-71-0215　Ⓕ0296-72-5410
笠間才木支店〒309-1611 笠間市笠間515-3
Ⓣ0296-71-9081　Ⓕ0296-71-9082

印刷所　ワイズ書籍
製本所　カナメブックス
用　紙　七洋紙業

printed in Japan　分類 323.934 g 1064

ISBN978-4-7972-7664-0 C3332 ¥28000E

日本立法資料全集 別巻

地方自治法研究復刊大系

東京市会先例彙輯〔大正11年6月発行〕／八田五三 編纂
市町村国税事務取扱手続〔大正11年8月発行〕／広島財務研究会 編纂
自治行政資料 斗米遺粒〔大正12年6月発行〕／樫田三郎 著
市町村大字読方名彙 大正12年度版〔大正12年6月発行〕／小川琢治 著
地方自治制要義 全〔大正12年7月発行〕／末松偕一郎 著
北海道市町村財政便覧 大正12年初版〔大正12年8月発行〕／川西輝昌 編纂
東京市政論 大正12年初版〔大正12年12月発行〕／東京市政調査会 編輯
帝国地方自治団体発達史 第3版〔大正13年3月発行〕／佐藤亀齢 編輯
自治制の活用と人 第3版〔大正13年4月発行〕／水野錬太郎 述
改正 市制町村制逐條示解〔改訂54版〕第一分冊〔大正13年5月発行〕／五十嵐鑛三郎 他 著
改正 市制町村制逐條示解〔改訂54版〕第二分冊〔大正13年5月発行〕／五十嵐鑛三郎 他 著
台湾 朝鮮 関東州 全国市町村便覧 各学校所在地 第一分冊〔大正13年5月発行〕／長谷川好太郎 編纂
台湾 朝鮮 関東州 全国市町村便覧 各学校所在地 第二分冊〔大正13年5月発行〕／長谷川好太郎 編纂
市町村特別税之栞〔大正13年6月発行〕／三邊長治 序文 水谷平吉 著
市制町村制実務要覧〔大正13年7月発行〕／梶康郎 著
正文 市制町村制 並 附属法規〔大正13年10月発行〕／法曹閣 編輯
地方事務叢書 第三編 市町村公債 第3版〔大正13年10発行〕／水谷平吉 著
市町村大字読方名彙 大正14年度版〔大正14年1月発行〕／小川琢治 著
通俗財政経済体系 第五編 地方予算と地方税の見方〔大正14年1月発行〕／森田久 編輯
市制町村制実例総覧 完 大正14年第5版〔大正14年1月発行〕／近藤行太郎 主纂
町村会議員選挙要覧〔大正14年3月発行〕／津田東璋 著
実例判例文例 市制町村制総覧〔第10版〕第一分冊〔大正14年5月発行〕／法令研究会 編纂
実例判例文例 市制町村制総覧〔第10版〕第二分冊〔大正14年5月発行〕／法令研究会 編纂
町村制要義〔大正14年7月発行〕／若槻禮次郎 題字 尾崎行雄 序文 河野正義 述
地方自治之研究〔大正14年9月発行〕／及川安二 編輯
市町村 第1年合本 第1号-第6号〔大正14年12月発行〕／帝國自治研究会 編輯
市制町村制 及 府県制〔大正15年1月発行〕／法律研究会 著
農村自治〔大正15年2月発行〕／小橋一太 著
改正 市制町村制示解 全 附録〔大正15年5月発行〕／法曹研究会 著
市町村民自治読本〔大正15年6月発行〕／武藤榮治郎 著
改正 地方制度輯覧 改訂増補第33版〔大正15年7月発行〕／良書普及会 編著
市制町村制 及 関係法令〔大正15年8月発行〕市町村雑誌社 編輯
改正 市町村制義解〔大正15年9月発行〕／内務省地方局 安井行政課長 校閲 内務省地方局 川村芳次 著
改正 地方制度解説 第6版〔大正15年9月発行〕／挟間茂 著
地方制度之栞 第83版〔大正15年9月発行〕／湯澤睦雄 著
改訂増補 市制町村制逐條示解〔改訂57版〕第一分冊〔大正15年10月発行〕／五十嵐鑛三郎 他 著
実例判例 市制町村制釈義 大正15年再版〔大正15年9月発行〕／梶康郎 著
改訂増補 市制町村制逐條示解〔改訂57版〕第二分冊〔大正15年10月発行〕／五十嵐鑛三郎 他 著
註釈の市制と町村制 附 普通選挙法 大正15年初版〔対照5年11月発行〕／法律研究会 著
実例町村制 及 関係法規〔大正15年12月発行〕自治研究会 編纂
改正 地方制度通義〔昭和2年6月発行〕／荒川五郎 著
逐条示解 地方税法 初版〔昭和2年9月発行〕／自治館編輯局 編著
註釈の市制と町村制 附 普通選挙法〔昭和3年1月発行〕／法律研究会 著
註釈の市制と町村制 施行令他関連法収録〔昭和4年4月発行〕／法律研究会 著
市町村会議員 選挙戦術 第4版〔昭和4年4月発行〕／相良一休 著
現行 市制町村制 並 議員選挙法規 再版〔昭和5年1月発行〕／法曹閣 編輯
地方制度改正大意 第3版〔昭和4年6月発行〕／狭間茂 著
改正 市制町村制 並ニ 府県制 初版〔昭和4年10月発行〕／法律研究会 編
実例判例 市制町村制釈義 第4版〔昭和4年5月発行〕／梶康郎 著
新旧対照 市制町村制 並 附属法規〔昭和4年7月発行〕／良書普及会 著
市町村予算の見方 初版〔昭和5年3月発行〕／西野喜興作 著
改正 市制町村制解説〔昭和5年11月発行〕／挟間茂 校 土谷覺太郎 著
加除自在 参照條文附 市制町村制 附 関係法規〔昭和6年5月発行〕／矢島和三郎 編纂
改正版 市制町村制 並ニ 府県制 及ビ重要関係法令〔昭和8年1月発行〕／法制堂出版 著
改正版 註釈の市制と町村制 最近の改正を含む〔昭和8年1月発行〕／法制堂出版 著
市制町村制 及 関係法令 第3版〔昭和9年5月発行〕／野田千太郎 編輯
実例判例 市制町村制釈義 昭和10年改正版〔昭和10年9月発行〕／梶康郎 著
改訂増補 市制町村制実例総覧 第一分冊〔昭和10年10月発行〕／良書普及会 編纂
改訂増補 市制町村制実例総覧 第二分冊〔昭和10年10月発行〕／良書普及会 編

日本立法資料全集 別巻

地方自治法研究復刊大系

改正 市制町村制講義 第4版〔明治43年6月発行〕／土清水幸一 著
地方自治の手引〔明治44年3月発行〕／前田宇治郎 著
新旧対照 市制町村制 及 理由 第9版〔明治44年4月発行〕／荒川五郎 著
改正 市制町村制 附 改正要義〔明治44年4月発行〕／田山宗堯 編輯
改正 市町村制問答説明 明治44年初版〔明治44年4月発行〕／一木千太郎 編纂
改正 市制町村制〔明治44年4月発行〕／田山宗堯 編輯
旧制対照 改正市町村制 附 改正理由〔明治44年5月発行〕／博文館編輯局 編
改正 市制町村制〔明治44年5月発行〕／石田忠兵衛 編輯
改正 市制町村制詳解〔明治44年5月発行〕／坪谷善四郎 著
改正 市制町村制註釈〔明治44年5月発行〕／中村文城 註釈
改正 市制町村制正解〔明治44年6月発行〕／武知彌三郎 著
改正 市町村制講義〔明治44年6月発行〕／法典研究会 著
新旧対照 改正 市制町村制新釈 明治44年初版〔明治44年6月発行〕／佐藤貞雄 編纂
改正 町村制詳解〔明治44年8月発行〕／長峰安三郎 三浦通太 野田千太郎 著
新旧対照 市制町村制正文〔明治44年8月発行〕自治館編輯局 編纂
地方革新講話〔明治44年9月発行〕西内天行 著
改正 市制町村制釈義〔明治44年9月発行〕／中川健蔵 宮内國太郎 他 著
改正 市制町村制正解 附 施行諸規則〔明治44年10月発行〕／福井淳 著
改正 市制町村制講義 附 施行諸規則 及 市町村事務摘要〔明治44年10月発行〕／樋山廣業 著
新旧比照 改正市制町村制註釈 附 改正北海道二級町村制〔明治44年11月発行〕／植田鹽恵 著
改正 市町村制 並 附属法規〔明治44年11月発行〕／楠綾雄 編輯
改正 市制町村制精義 全〔明治44年12月発行〕／平田東助 題字 梶康郎 著述
改正 市制町村制義解〔明治45年1月発行〕／行政法研究会 講述 藤田謙堂 監修
増訂 地方制度之栞 第13版〔明治45年2月発行〕／警眼社編集部 編纂
地方自治 及 振興策〔明治45年3月発行〕／床次竹二郎 著
改正 市制町村制正解 附 施行諸規則 第7版〔明治45年3月発行〕福井淳 著
改正 市制町村制講義 全 第4版〔明治45年3月発行〕秋野沆 著
増訂 農村自治之研究 大正2年第5版〔大正2年6月発行〕／山崎延吉 著
自治之開発訓練〔大正元年6月発行〕／井上友一 著
市制町村制逐條示解〔初版〕第一分冊〔大正元年9月発行〕／五十嵐鑛三郎 他 著
市制町村制逐條示解〔初版〕第二分冊〔大正元年9月発行〕／五十嵐鑛三郎 他 著
改正 市町村制問答説明 附 施行細則 訂正増補3版〔大正元年12月発行〕／平井千太郎 編纂
改正 市制町村制註釈 附 施行諸規則〔大正2年3月発行〕／中村文城 註釈
改正 市町村制正文 附 施行法〔大正2年5月発行〕／林甲子太郎 編輯
増訂 地方制度之栞 第18版〔大正2年6月発行〕／警眼社 編集 編纂
改正 市制町村制詳解 附 関係法規 第13版〔大正2年7月発行〕／坪谷善四郎 著
改正 市制町村制 第5版〔大正2年7月発行〕／修学堂 編
細密調査 市町村便覧 附 分類官公衙公私学校銀行所在地一覧表〔大正2年10月発行〕／白山榮一郎 監修 森田公美 編著
改正 市制 及 町村制 訂正10版〔大正3年7月発行〕／山野金蔵 編輯
市制町村制正義〔第3版〕第一分冊〔大正3年10月発行〕／清水澄 末松偕一郎 他 著
市制町村制正義〔第3版〕第二分冊〔大正3年10月発行〕／清水澄 末松偕一郎 他 著
改正 市制町村制 及 附属法令〔大正3年11月発行〕／市町村雑誌社 編著
以呂波引 町村便覧〔大正4年2月発行〕／田山宗堯 編輯
改正 市制町村制講義 第10版〔大正5年6月発行〕／秋野沆 著
市制町村制実例大全〔第3版〕第一分冊〔大正5年9月発行〕／五十嵐鑛三郎 著
市制町村制実例大全〔第3版〕第二分冊〔大正5年9月発行〕／五十嵐鑛三郎 著
市町村名辞典〔大正5年10月発行〕／杉野耕三郎 編
市町村吏員提要 第3版〔大正6年12月発行〕／田邊好一 著
改正 市制町村制と衆議院議員選挙法〔大正6年2月発行〕／服部喜太郎 編輯
新旧対照 改正 市制町村制新釈 附 施行細則 及 執務條規〔大正6年5月発行〕／佐藤貞雄 編纂
増訂 地方制度之栞 大正6年第44版〔大正6年5月発行〕／警眼社編輯部 編纂
実地応用 町村制問答 第2版〔大正6年7月発行〕／市町村雑誌社 編纂
帝国市町村便覧〔大正6年9月発行〕／大西林五郎 編
地方自治講話〔大正7年12月発行〕／田中四郎左右衛門 編輯
最近検定 市町村名鑑 附 官国幣社及諸学校所在地一覧〔大正7年12月発行〕／藤澤衛彦 著
農村自治之研究 明治41年再版〔明治41年10月発行〕／山崎延吉 著
市制町村制講義〔大正8年1月発行〕／樋山廣業 著
改正 町村制詳解 第13版〔大正8年6月発行〕／長峰安三郎 三浦通太 野田千太郎 著
改正 市町村制註釈〔大正10年6月発行〕／田村浩 編集
大改正 市制 及 町村制〔大正10年6月発行〕／一書堂書店 編
市制町村制 並 附属法 訂正再版〔大正10年8月発行〕／自治館編集局 編纂
改正 市町村制詳解〔大正10年11月発行〕／相馬昌三 菊池武夫 著
増補訂正 町村制詳解 第15版〔大正10年11月発行〕／長峰安三郎 三浦通太 野田千太郎 著
地方施設改良 訓諭演説集 第6版〔大正10年11月発行〕／鹽川玉江 編輯
戸数割規則正義 大正11年増補四版〔大正11年4月発行〕／田中廣太郎 著 近藤行太郎 著